U0660705

管 理 研 究

2016 年第 2 辑

邓大松　向运华　主编

中国金融出版社

责任编辑：肖丽敏
责任校对：张志文
责任印制：陈晓川

图书在版编目（CIP）数据

管理研究.2016年.第2辑/邓大松，向运华主编.—北京：中国金融
出版社，2018.12
ISBN 978 - 7 - 5049 - 9885 - 9

Ⅰ.①管…　Ⅱ.①邓…②向…　Ⅲ.①管理学—研究　Ⅳ.①C93

中国版本图书馆 CIP 数据核字（2018）第 279034 号

出版　**中国金融出版社**
发行
社址　北京市丰台区益泽路 2 号
市场开发部　（010）63266347，63805472，63439533（传真）
网 上 书 店　http://www.chinafph.com
　　　　　　（010）63286832，63365686（传真）
读者服务部　（010）66070833，62568380
邮编　100071
经销　新华书店
印刷　北京市松源印刷有限公司
尺寸　169 毫米×239 毫米
印张　5.75
字数　80 千
版次　2018 年 12 月第 1 版
印次　2018 年 12 月第 1 次印刷
定价　30.00 元
ISBN 978 - 7 - 5049 - 9885 - 9
如出现印装错误本社负责调换　联系电话（010）63263947

目 录
○○○ contents
（2016 年第 2 辑）

社会治理视角下的军人保险制度建设思考

◎郑传锋

军事经济学院军队财务系，湖北武汉，430035

摘　要： 社会治理理论是 20 世纪 90 年代西方国家流行的一种社会管理理论，其主要代表性理论包括多中心治理论、合作互动治理论与社会善治论等。社会治理的核心理念对推动我国军人保险制度的发展有很强的现实指导意义。同时，它也对我国军人保险制度建设提出了诉求，包括建立军地相互协作的新型军人保险管理体制、建立开放式军人保险运行机制和建立军人保险风险评估机制等。军人保险制度建设的重点主要包括规范军人保险运行管理、构建高效的军地保险关系转续衔接机制、拓展军队利用商业保险资源空间等。

关键词： 社会治理　军人保险制度　核心理念

一、社会治理核心理念对我国军人保险制度建设的借鉴

社会治理理论是 20 世纪 90 年代西方国家流行的一种社会管理理论，21 世纪初开始引起国内学者的重视。社会治理理论将社会管理由传统的、被动的政府管理模式转变到现代的、积极的政府与社会共同治理模式，这对

化解社会风险，提高社会管理的有效性是非常有意义的。归纳起来，社会治理就是指政府及其他社会主体，为实现社会的良性运转而采取的一系列管理理念、方法和手段，从而在社会稳定的基础上保障公民权利，实现公共利益的最大化。[1]由于社会治理理论产生的历史还较短，理论发展还不完全成熟，归纳起来，其代表性理论主要有多中心治理论、合作互动治理论和社会善治论。

军人保险与社会治理是两个不同的理论范畴，有着不同的理论内涵与外延。但从社会风险的角度来分析，两者又存在不可分割的联系。而社会治理的核心理念对推动军人保险制度的建设与发展有很强的现实指导意义。

（一）社会治理的多元参与性对军人保险监督管理体制改革的推动

多中心社会治理论在肯定政府管理社会的主导地位的同时，也强调了社会公众参与社会管理的必要性。社会公众不仅仅是政府提供公共服务的被动消费者，更是富有积极能动性的社会公民。他们通过各种渠道表达自身愿望和诉求，是参与社区活动，政府公共政策制定、公共服务供给的不可或缺的力量，是影响社会治理活动的重要力量。这也充分说明在社会治理中公民参与领域的广泛性，从市政建设、公共服务供给、政策的制定和执行，无所不包。

对于军人保险监督管理体制改革而言，同样可以借鉴多中心治理理论的多元参与性理念，促进其本身的改革与发展。军人保险是基于军人职业高风险性而进行的一种制度选择，目的是通过保险的方式来分担军人职业风险与社会连带风险。军人保险监督管理的最根本目的是通过对军人保险制度运行的监督管理来达到维护军人的合法权益的最终目的。

军人保险监督管理主要是指对军人保险政策法规的执行情况和军人保险基金的收支活动进行监督检查，纠正和制止军人保险业务活动中的违规行为。由于军人保险涉及的项目繁多，且保障的对象是全体军队人员，因此仅仅依靠军人保险行政管理单个部门难以有效完成监督管理任务，必须发挥军队其他相关职能部门的监督管理作用，并相互配合，形成监管合力。

从而形成一种以军人保险专业职能部门为主导，以军队财务部门、军队审计部门等为辅助，以军人自发监督与广泛参与的协作互助治理模式，保障军人保险制度顺利有效的运行。

（二）社会治理中的合作互动性要求改革军人保险经办机构体系

从政府管理到社会治理，本身就是社会管理理念的一种质的转变。只有政府与公民、社会组织保持良好的合作关系，才能有利于社会管理活动的正常进行，使社会建设和治理活动达到预期的目的。社会治理存在的基础是因为社会风险的客观存在，通过对社会风险的有效管理达到化解社会风险，实现社会秩序有序运行的目的。社会风险管理强调在全面系统的社会风险分析基础上，综合运用各处风险控制手段，合理分配政府、市场、民间机构及个人的风险管理责任，强调通过系统的、动态调节的制度框架和政策思路，有效处置社会风险，实现经济、社会的平衡和协调发展的新的策略框架。[2]同时，也强调运用风险分析技术和方法，充分发挥风险控制工具、风险补偿工具的重要作用并构建社会风险预警系统。

对于军人保险的运行而言，同样可以利用此理念来指导军人保险的运行管理，特别是对军人保险经办机构的建设更具有实际指导意义。目前我国军人保险经办机构主要是依托军人保险基金管理部门，而军人保险费的收缴、划拨、存储与支付、转移等又涉及军地多个职能部门。由于军队与地方界限分明的行政属性，特别是在军地保险关系转移衔接上，在社会保险经办过程中往往会出现一系列问题。军队高度集中性与地方明显的属地性发生冲突，使军人保险与随军未就业家属保险的军地转移会出现转不出去、接不上的局面。而实行社会化组织管理是军人保险经办机构改革的一种必然选择，即建立军地联合办公的军人保险经办职能机构来有效衔接军地保险关系的转移接续。

社会化组织管理是相对于国家化组织管理与单位化保障模式而言的，其组织形式有政府职能机构、公营机构或私营机构等。实行社会化组织管理既可调动社会力量，运用各方面的财力、物力，提高管理水平，又可以降低保障成本。一般来说，越是接近于初级社会群体的保障形式，保障费用总额越低，可称为保障费用递减原理。原因在于组织机构上管理的中间环节和管理人员的减少，并且保留了更多的义务性和福利性的成分，降低服务费用。同时，军人保险的社会化管理有利于促成合理的保障管理体制。这表现为由军队与地方共同承担责任，共同享受保障权利，共同尽保障义务，运用各方面的财力、物力，尽量把社会问题消融在社会基层，使其分散化，而不是集中于政府，有利于军队与社会的稳定与发展。

（三）社会治理方式的制度化促进军人保险制度的定型

在西方社会治理理论中，制度的作用越来越受到重视。因此，在社会治理和建设活动中运用法律、制度等来约束相关各方的行为、明确他们的责任成为不可或缺的因素，真正使法治的理念深入政府、公众、社会组织的日程活动中，从而保证社会建设和治理活动的有序开展。另外考虑到制度建设带有根本性、全局性、稳定性和长期性，所以要从社会管理的决策程序、社会公共事务管理活动执行、评估与调整、激励与控制等方面，量身定做一条"规范轨道"来确保政府社会治理行为的持续性，不因人为因素的改变而改变，使政府社会治理活动由随意型向制度型转变。

对于我国军人保险制度的建设而言，制度化建设同样是军人保险制度创新的重点。从改革的牵引力与推动力来分析，真正促使军人保险制度建立的动力来源不是来自军队内部，而是来源于军队外部，即地方社会保险制度改革的大力推进，新的社会保险险种不断出台，军地人员之间社会保障待遇差距不断拉大，最终促使了军人保险制度的出台。即军人作为社会的一个特殊群体，首先要与地方人员一样，享受最基本的社会保障待遇。这种外部力量驱动的制度变革在推进军人保险制度建设步伐的同时，也限定了军人保险制度建设模式，即只能是一种制度模仿。但军队作为一个武装集团，军人职业的特殊性使地方一般的社会保险险种无法满足军人的特殊需要。制度模仿的结果只有是牺牲军人保险制度的特殊性与适应性，而保持其兼容性。包括出台的退役医疗保险制度和实施方案中的军人退役养老保险制度，考虑更多的不是现役期间军人的社会保障需求，而是军人退役之后如何融入地方社会保障体系。对于军人保险制度的适应性分析只考虑到与地方社会保险接轨的需要，没有适应军人职业特殊性的客观要求。而这并不是军人保险制度建设的初衷，也不是今后军人保险制度发展的目标。

因此，无论是从现实需要出发，还是从中国军人保险发展战略出发，都急需要优化现行制度安排，建立健全中国军人保险基本制度与军人保险立法，进而真正走上中国特色的中国军人保险发展道路。

（四）社会治理风险事前管理可促进军人保险风险管理效率的提高

从社会风险的防范、化解、治理到社会秩序的恢复，是一个完整的系统工程，社会风险控制是社会治理必须面对的问题。社会治理的"社会风险管理"是基于对后工业化社会风险的认识，由世界银行提出的用以指导制定社会保护政策的全新理念。鉴于社会风险的来源涉及制度、环境和个人等多方面的因素，社会风险管理的目标同样需要多方面的努力才能实现，有效的社会保护政策是政府、市场、非营利组织和家庭等不同社会系统共同作用的结果。[3] 因此，"社会风险管理"强调社会保护提供主体的多元化。政府、市场、社区、民间组织相互合作，共同提供经济保障和社会保护；它重视事前防范风险而不仅仅是对事后风险损失进行补偿；强调政策手段不再局限于对收入进行再分配，而在于提高人们应对风险的整体能力。通过社会风险管理机制，帮助个人、家庭、社区应对多元风险，以减轻贫困，维持经济社会发展。[4]

社会风险事前管理的理念对促进我国军人保险制度发展中如何应对军人职业风险与社会风险是有指导意义的。军人保险制度是一种风险管理体系，是以国家的强制力为依托，利用公共权力保护军人权利，从而防范和控制军人职业风险和社会风险的必要机制。军人保险最本质的特征是作为风险管理的社会机制而存在。这应该成为军人保险深层的、核心的理念，也是我们解释军人保险制度变迁的红线和基本框架。对于军人保险的风险管理，必须通过识别军人保险风险体系中存在的各类潜在或显性风险，建立相应的风险评估与预警机制，并通过实施有效的风险规避措施以保证军人保险制度健康、有序运行。军人保险风险管理强调事前风险防范比事后风险的补偿意义更加重要，它有利于减少风险损失，提高军人保险制度运行的有序性。

二、社会治理对我国军人保险制度建设的诉求

社会治理理论的核心理念对我国军人保险制度建设的指导意义是不容置疑的，而中国军人保险制度建设本身是一个复杂的系统工程，涉及中央与地方政府、军队内部各职能部门、社会组织及军人等多个主体的权利与义务。而视角的不同，也决定了不同的军人保险改革思路。如果从社会治理的视角来审视中国军人保险制度建设与发展的诉求，主要着眼点有以下几个方面。

（一）建立军地相互协作的新型军人保险管理体制

军人保险行政管理机构与军人保险基金管理机构的设置，遵循了政事分开的原则，两者存在职责相互交叉问题，从而导致了军人保险管理事务上的低效率。军人保险行政管理机构对保险基金管理约束力不够，尽管已在总部、军区两级机关设立了相应的保险基金管理机构来负责保险赔付标准的制定和保险基金的收缴与存储工作，保证基金的保值增值，但是，军人保险制度的执行、保险费的扣缴等大量具体而基础性的工作，都在军以下部队财务部门进行，其人员配备无法适应日益重要的军人保险事务管理发展需要，并且有的工作人员没有相应的编制作保障，这些因素容易导致政策执行走样，管理不规范等问题，不利于提高军人保险管理工作效率。

另外，军人保险机构与国家社会保险相关机构联系，不利于军人保险尤其是涉及军人退役的保险与国家有关保险管理的衔接和协调，而军人保险制度功效的发挥需要军队与地方相关职能部门的配合与协调。

因此，建立军地相互协作的新型军人保险管理体制，对提高军人保险制度的运行效率是非常必要的。

（二）建立开放式军人保险运行机制

军人保险项目的运行是整个军人保险制度运行过程的核心环节，因此，建立高效科学的军人保险运行机制是军人保险制度建设的一个主要任务。

目前，我国现行军人保险运行机制中，主要是由军队相关职能部门来控制与管理。军人对保险运行与管理方面的诉求缺乏有效的渠道。同时，军人保险运行机制也是一个相对封闭的机制，尽管军人保险也引进了几个商业保险项目，但引进的商业保险项目作用有限。因此，必须建立开放性的军人保险运行机制，以提高军人保险制度实施的有效性。包括建立军人保险决策的军人参与机制，拉动军人保险实施民主建设。军人保险与每一个军人的切身利益相关，应该通过论证会、抽样问卷等方式，使尽可能多的军队成员参与相关决策。在军人保险的实施机构建设上，还应引进地方的保险机构，即根据军人保险项目性和有利于提高运行效率的角度来选择和组合不同形式的军人保险实施机构。

（三）建立军人保险风险评估机制

主要是建立军人保险风险评估制度，通过跟踪和监测军人保险制度运行的整个过程，分析评估军人保险资金分配的合理性和经济性，评估军人保险制度产生的军事效益和社会效益。通过史前社会风险的评估，及时发现军人保险中存在的问题，规范军人保险事业的发展，争取做到反映民情、表达民意，推动各项军人保险政策的建立与执行。军人保险风险评估是军人保险风险管理的一个重要环节，它为下一步的风险控制奠定了基础，是军人保险风险管理的难点与重点。之所以这样定论，是因为军人保险风险评估的标准与方法选择较难。在风险评估的标准上可采用最优实践法、绩优协定法等来确定。评估指标体系应包括对实施绩效、功能绩效、军事效益、社会效益等内容的评估。在对军人保险风险等级确定后，还要对评估结果进行检验，以判断所选评价模型、有关标准、有关权值，甚至指标体系的合理与否，对不合理的结果进行修改，并最终形成评价结果分析报告。目前，我国军人保险执行职能分布在多个部门，造成军人保险风险评估的分散化，因此，要建立一个相对专门的军人保险风险评估职能部门来统筹管理军人保险风险评估工作，从而保证军人保险制度的健康有序运行。

三、军人保险制度建设的重点

从社会治理的角度，军人保险制度建设的重点主要体现在以下几个方面。

（一）规范军人保险运行管理

加快健全社会保障管理体制是国家社会保障管理体制改革发展的方向。国家将根据社会保障制度新的改革发展变化，及时调整社会保障行政管理体制，着力整合行政管理职能，提高行政管理效率。这对健全完善现行军人保险管理体制、优化军人保险制度管理运行模式提出了新的要求。

对于军人保险运行管理而言，军人保险个人账户的规范管理是重点。特别是军人没有建立养老保险个人账户。按照现行政策规定，军人退役养老保险制度采取军人服役期间不建立养老保险个人账户，军人服役期间个人不缴纳养老保险费，单位和个人应当缴纳的基本养老保险费由中央财政承担，退役时一次算清，给予养老保险补助。而国家机关事业单位工作人员养老保险制度改革的基本思路中最重要的"一个统一"即"改革现行的机关事业单位退休养老制度，建立与企业职工等城镇从业人员统一的社会统筹和个人账户相结合的基本养老保险制度。"即机关事业单位人员实行个人缴费的养老保险制度后，公务员个人需要按工资收入的一定比例缴费，个人缴费为实账管理。显然，现行军人退役养老保险制度"个人不缴费、平时不记账、走时一次补"的制度模式，与国家统一的养老保险制度改革方向相违背。而军人养老保险基金一大重要职能是保值增值，没有了养老保险个人账户，就没有了账户资金积累，军人养老保险基金投资就缺乏经济基础，也就缺少了养老保险基金投资运营所带来的基金增值效益，这本身就是参保军人的一种机会损失。因此，为全体军人建立军人养老保险个人账户是目前军人保险管理的一个重要任务，哪怕是建立一个类似于军人住房补贴的"空账"也比不建账户要强。

除此之外，还应按照构建与军人保险待遇政策相匹配的管理制度体系，在对现行军人保险工作规范化管理和军人基金管理等政策制度进行整合归并的基础上，对军人保险管理工作的部门职责、险种设立、权益保障、待遇审批、预决算编报，以及个人账户和保险基金管理、监督检查等内容作出全面系统规范。

（二）构建高效的军地保险关系转续衔接机制

目前，我国现行社会保险体制实行属地化管理，各地区在险种设置、缴费标准、待遇水平和运行模式等方面差异较大，而军人及未就业随军配偶的社会保险实行全军统一的政策。"统一性"与"属地性"的矛盾，不同程度影响了军地保险政策的顺畅衔接。

地方人员实行的是省级统筹下的统账结合管理模式，由于军人保险账户目前没有专门建立统筹基金这一部分，只是在军人及其随军配偶退出军队时再统一划转，从而导致地方社会保险经办机构在接转军队人员保险关系时出现政策上的冲突。

一些地方建立养老、医疗、失业、工伤和生育五个基本险种，保险关系转移必须做到"五险合一"。而未就业随军配偶只有养老和医疗保险关系，险种的短缺直接影响随军配偶保险关系的转移，甚至影响他们社会保险待遇的落实。因此，建立高效的军地保险关系转移衔接机制成为军人保险工作的一个重点。

对此笔者的具体设想：一是成立协调小组，搭设活动平台。军地保险机制的协调是一项长期性工作，应调整现有的总部和战区级（军兵种）单位军人保险委员会的职责范围，增设"军地保险衔接工作协调小组"，并由军地双方职能部门的领导参加，为军地衔接工作的顺利开展提供活动平台和组织保障；二是规范军地协调方式，通过定期组织座谈会、开展课题调研、完善相关政策、联合出台文件等方式，提高军地协调的针对性和实效性；三是构建军地社会保险协调信息网络体系。保险军地衔接中，有关信息的准确、高效和及时的传递直接关系到军地协调时效和军人保险待遇的落实。军地保险衔接机制必须采取横向联系、纵向沟通、内外结合、军地互动的方式，构建军地社会保险协调信息网络体系，以确保军地保险衔接机制的顺利运转。

（三）拓展军队利用商业保险资源空间

从2010年起，军队探索式地引入商业保险机制来提高保险保障能力，集中为军人投保伤亡附加保险和交通意外保险，在远离军队医疗机构部队推行商业医疗保险等,逐步打开了社会保险和商业保险相结合的军人保险保障路子,取得了良好的政治、军事和经济效益,受到了部队和官兵的普遍欢迎。

事实证明,军队利用商业保险资源来增强军人保险的保障能力与水平的方向是正确的。2015年7月30日,国务院办公厅、中央军委办公厅转发保监会、发展改革委、财政部、总参谋部、总政治部、总后勤部、总装备部《关于推进商业保险服务军队建设指导意见的通知》(国办发〔2015〕60号),明确了商业保险服务军队建设的基本原则,即(1)政府支持、市场主导;(2)军民融合、互利共赢;(3)专业运作、持续发展。

因此,拓展军队利用商业保险资源空间的思路:一是健全工作保障机制。特别是加强组织领导,重点发挥军队军人保险委员会在商业保险服务军队建设中的统筹作用,逐步建立健全军地商业保险工作机制,加强组织协调,定期交流情况,共同研究制定相关制度和支持政策。保险机构要与参保军队单位建立对接机制,了解军队单位和军队人员及其家庭成员的保险需求,沟通解决理赔等保险服务中可能出现的问题。充分发挥现有保险纠纷调解组织功能作用,高效、妥善化解保险纠纷。二是建立军队与保险公司的战略合作关系。为引入公平有序的竞争机制,鼓励保险公司为军队单位和人员提供长期稳定优质的保险服务,选择综合实力强、服务信誉好的大型保险公司与军队签订战略合作协议,对保险公司为军队单位和人员研发费率低或理赔高的专属及非专属保险产品,提供优质高效的保险服务,以及建立军地协调机制等问题作出规定。三是研发体现军队特色的保险产品。针对军事活动危险性大、武器装备损失消耗多等特点,结合军队单位和人员投保商业保险的实际需要,拓展商业保险服务领域,研究开发适合军队人员和武器装备、车辆等资产的专属保险产品,进一步扩展商业保险服务军队建设的领域。另外,拟协调保险公司对军人及其家庭自愿购买的其他人身和财产保险产品提供优质便捷的服务。

参考文献

[1]周晓丽,党秀云.西方国家的社会治理:机制、理念及其启示

［J］. 南京社会科学，2013（10）.

［2］卓志：风险管理理论研究［M］. 北京：中国金融出版社，2006.

［3］R. Holzmann and S. Jorgensen, Social Protection as Social Risk Management: Conceptual Underpinnings for the Social Protection Sector Strategy. Washington, D. C. : World Bank. 2001.

［4］Robert Holzmann, Lynne Sherburne – Benz, and Emil Tesliuc. Social Risk Management: The World Bank's Approach to Social Protection in a Globalizing World, Social Protection Department, World Bank, May 2003.

基层政府落实 PPP 项目的困境思考

——基于对 X 县 B 水厂项目的案例分析

◎李明强　李　茜

中南财经政法大学公共管理学院，湖北武汉，430073

摘　要： 政府和社会资本合作，构建 PPP（Public – Private – Partnership）模式是对公共项目建设中融资机制的一种创新。PPP 模式可以拓宽公共事业建设的投资渠道，使投资主体走向多元化，同时由多方治理主体共同参与、政府部门负责协调牵引的合作机制更有利于充分发挥市场的决定性作用，便于促进政府职能的转变，厘清政府与市场的关系。文章通过对 H 省 X 县首例规范的政府和社会资本合作项目——B 水厂的项目工程进行案例分析，介绍了本案例中 PPP 项目的运作模式，并在分析项目实施现状的基础上，总结出在 PPP 模式下运作的问题，对采用这种融资渠道后面临的具体困境做了探讨。

关键词： 融资　社会资本　PPP 模式　公共服务　运作困境

2003 年底，北京市政府转发市发展改革委《关于本市深化城市基础设施投融资体制改革的实施意见》，明确了轨道交通可以按照政府与社会资本投资 7:3 的基础比例融资，吸收社会投资者参与建设。[1] 2005 年 9 月，国家发展改革委核准批复了北京地铁 4 号线 PPP 融资项目，并经过一年多的前期研究，形成了项目的实施方案。北京地铁项目的成功运作，开创了我国轨道交通建设领域里运用 PPP 融资模式的先河，缓解了资金压力。

随后 PPP 模式作为融资新思路，成为了社会各界关注的焦点，越来越多的人开始研究具体的运作方法，并将这种公私合作的融资模式实践到经济、社会的建设中。2014 年 5 月，财政部政府和社会资本合作（PPP）工作领导小组正式成立，当年社会资本参与建设运营的示范项目多达 80 个，范围涉及传统基础设施、清洁能源、油气、煤化工、石化产业等。如今，PPP 模式的运用范围已延伸至社会保障（如社区的养老服务、居民日常生活的保健）、市政基础设施（如垃圾焚烧处理）、水利、文化（如公园、旅游）、工业（如产业园区）等领域，集聚各方财力、人力来提供优质的公共服务。基于当前 PPP 模式被政府积极应用的背景下，现对 X 县 B 水厂[2] 的融资项目进行案例分析，具体把握 PPP 模式的运作情况。

一、PPP 模式的理论阐释

PPP 模式的起源可以追溯至 18 世纪欧洲的收费公路建设计划，但其在现代意义上的形成和发展主要归于新公共管理运动中以引入私人部门积极参与为核心内容的公共服务供给的市场化改革。[3] 18 世纪是英国从农业社会迈向工业社会的时期，在英国迈向工业文明的进程中，资本所起到的作用非常重要——资本不仅与英国的工业革命，还与其政府国债、乡村社会、公共工程等有着异乎寻常的密切关联，使新兴的资本市场呈现多元化特征。资本市场的兴起，既为居民的盈余收入带来了额外收益，也为新兴经济部门的融资提供了便捷的渠道，从而促进了经济与社会的发展。20 世纪 80 年代初，新公共管理运动的改革意在实现决策制定（掌舵）和决策执行（划桨）两者分离的体制，主张通过民营化等形式，把公共服务的生产和提供交由市场和社会力量来承担。而政府主要集中于掌舵性职能，如拟定政策、建立适当的激励机制、监督合同执行等，引导它们为实现公共利益的崇高目标服务。这是对政府角色的重新定位，也是对让市场发挥其应有经济决定作用的召唤。

（一）PPP 模式的理论基础

政府的职能转变是建设服务型政府的需要，突出政府管理和服务的重点、提高政府提供公共服务的能力契合服务型政府的建设宗旨。张康之教授认为，服务型政府坚持以社会为本位，在市场经济条件和民主政治的实践中培育社会自主运行的健全机制，扩大社会自治的范围，即使存在着对社会的控制和干预也是从属于服务的目的。[4] 在 PPP 融资模式中，公私合作项目都广泛地运用到了社会资本在资源配置上的重要作用，社会资本是 PPP 项目建设中不可忽视的关键要素。PPP 模式的实质是对社会资本的运用。

1. 社会资本

不同的学者从各自的学科范畴与研究范式出发，对社会资本概念作出了不同的界定。1980 年，法国社会学家皮埃尔·布迪厄（P. Bourdieu）正式提出了"社会资本"这个概念，从微观层面把它界定为"实际或潜在资源的集合，这些资源与由相互默认或承认的关系所组成的持久网络有关，而且这些关系或多或少是制度化的。"其后，社会学家詹姆斯·科尔曼（James S. Colman）从社会结构的视角论述了社会资本的概念，还在此基础上形成了"经济社会学"理论。而真正使社会资本概念引入政治学领域的是哈佛大学社会学教授罗伯特·普特南。根据世界银行社会资本协会（The World Bank's Social Capital Initiative）的界定，广义的社会资本是指政府和市民社会为了一个组织的相互利益而采取的集体行动。民主治理是一种公共利益，公共利益必须依靠集体行动才能实现。

社会资本理论是实现政府与公民良好合作的基础，从政府与公民的良好合作关系的内涵中可以看出，这种关系的形成有利于实现对公民权利的尊重，有利于公民积极性、主动性、创造性的发挥，有利于社会资源的合理配置，从而达到社会发展的目的。只有在公民社会中普遍具有团结、互助、信任的公共精神，具有高度的主体意识、权利意识和参与意识以及由于这些精神和意识而导致的独立的、非官方的和自愿的第三部门的前提下，公民社会才能作为政府与公民良好合作的普遍主体参与到公共治理中去。以上这些条件都是构成社会资本的基本要素。

2. 运用社会资本的实质

一般而言，政府以掌舵者的角色参与市场活动，需要把更多的主动权交给私人部门来开展具体的经济建设，运用市场机制的作用，扩大社会和企业对公共项目的活动空间。政府可以通过合同或协议等形式让非政府组织和私人部门行使某些经济建设的职能，提供一定的公共产品和服务。政府职能社会化的过程就是改变政府以往大包大揽的做法，将政府管辖的其中一些事务交由社会中的企业、团体来具体执行，通过引入更多具有活力和潜力的社会资本来活跃对公共服务的供给，其实质是让经济职能和社会职能社会化。PPP 模式是指政府部门与社会资本签订长期合作协议，授权其与政府部门合作或代替政府部门生产或提供公共服务的一种机制。广义地讲，在生产和提供公共服务中涉及政府部门与社会资本特别是民间投资者的责、权、利关系的机制，都可以称为 PPP 模式。微观地看，PPP 更多地被认为是在公共服务领域利用社会资本、弥补政府投资不足的投融资机制。

因此，广义 PPP（Public – Private – Partnership）即公私合作模式，是公共基础设施中的一种项目融资模式。在该模式下，鼓励私营企业、民营资本与政府进行合作，参与公共基础设施的建设。按照这个广义概念，PPP 是指政府公共部门与私营部门合作过程中，让非公共部门所掌握的资源参与提供公共产品和服务，从而实现合作各方达到比预期单独行动更为有利的结果。

（二）PPP 模式的发展运用

采用 PPP 模式的融资形式，其实质是政府通过给予私营公司长期的特许经营权和收益权来加快基础设施建设及有效运营。在 PPP 项目中，更加强调发挥政府与市场的合力。

1. PPP 模式在我国的操作实践

中国 PPP 模式的运用伴随着改革开放而逐步发展而来，20 世纪八九十年代主要应用于能源和交通等瓶颈领域。当时由于民营经济发展滞后，PPP 模式在我国的发展形势主要表现为中外合资经营或外商独资经营，政府合作对象主要为外资，政府的主要激励政策是"新电新价""公路收费"等。

20 世纪 90 年代中期，国家曾在电力、水务等领域推行过几个外商 BOT 项目试点，如广西来宾 B 电厂、成都第六自来水厂等。深圳沙角 B 电厂可谓最早的外资 PPP 项目，泉州刺桐大桥属于首个民资 PPP 项目。

进入 21 世纪以来，随着国内民间资本和国有企业的快速发展壮大，以及城市基础设施和公共服务市场化改革的深入推进，PPP 模式的运用范围逐步扩展到城市基础设施和公共服务等领域。地方政府的主要合作对象逐步从外资转向央企、省企和民间企业。

自 20 世纪 80 年代开始，我国实施以 BOT 为主要形式的 PPP 项目，起初主要针对外资，后来逐步向国有企业和私营企业扩展，其范围有高速公路、桥梁隧道、电力能源、轨道交通、供水、污水处理等多个基础设施领域，极大地推动了基础设施建设进程。2010 年以来，随着地方政府债务规模不断扩大和国家加大对地方融资平台清理整顿力度，通过 PPP 模式引入社会资本得到各界的高度重视。

PPP 模式逐渐成为国际市场上实施多主体合作的一项重要项目运作模式，它要求发挥不同行业和部门各自的功能性，营造公私合作的理念。实施 PPP 的最终目的是发挥私人部门在管理、技术、资金等方面的优势，提高公共服务效率。同时，我国 PPP 发展中也存在着不少问题与障碍，制约其更广泛应用。

2. 推行 PPP 模式的意义

PPP 模式在传统上主要依靠政府引入社会资本，弥补政府投资的资金不足，可以拓宽资金来源和集资渠道，减轻政府的财政负担；PPP 模式能为社会资本特别是民营企业提供更多投资机会，促进民间投资发展，打破传统上国有部门和国有企业的垄断体制，从项目源头引入公平竞争机制。同时，政府与社会资本合作，有利于提高公共产品的供给效率和质量，促进公共项目的可持续性和专业性，可以规范政府和市场的关系，充分发挥社会主义市场经济的基础性作用，为经济发展积蓄动力。结合当前时代背景来说，应用 PPP 模式到政府的公共服务建设中，有助于推进治理能力的现代化水平，推动经济体制创新。

推行 PPP 模式最重要的意义在于有助于在传统的政府投资领域引入市场机制，发挥政府和市场的各自优势和合力。社会资本做不了的或不愿做的，由政府来承担；政府做不好的，交给社会资本来做，从而有可能既弥补"政府失灵"，又弥补"市场失灵"。PPP 是一种新型的项目融资模式，这种模式可以使民营资本更多地参与到项目中，为社会资本特别是民营企业提供更多投资机会，促进民间投资提高效率，降低风险，并且打破传统上国有部门和国有企业的垄断体制，从项目源头引入公平竞争机制。同时，提高公共服务效率，为政府等公共部门的项目建设带来新的资源，也可以弥补政府投资资金不足。此外，PPP 模式有可能为其他同类政府投资项目和国有企业的未来发展提供一个标杆，启发同类政府投资项目和国有企业效率的提高。

二、X 县 B 水厂的项目概况

根据以上对 PPP 模式概念的界定，以及政府部门对 PPP 模式的实际运用，现结合 X 县 B 水厂的具体案例，来阐释该项目的融资必要性和 PPP 模式的运用效果。

(一) B 水厂项目的背景

B 水库是位于 H 省 X 县河流中游的人工水库，占流域总蓄水量的82.6%，是一座以灌溉、发电为主，兼顾防洪、养鱼、航运、综合利用的多功能水库。利用该水库建造 B 水厂，将造福 20 多万城区居民，使其能够饮用优质、安全的水源。

作为该区域最大的单体农村饮水安全工程，B 水库是受益人口最多、社会关注度最高、工期要求最紧、技术含量最多、涉及面最广的民生工程。为确保在质量上争进位、在形象上出精品，项目参建各方即交通、电力、林业、电信等部门密切配合，建立绿色通道，优化简化审批手续；项目区干部群众大力支持，积极配合，完成青苗补偿[5]协议 60 多份，涉及农户806 户，迅速落实补偿款到位资金 225 万元；管理各方高效监督，做好项目前期工程，使工程始终在高标准、高质量和高速度下有序推进。

B 水厂项目建设主要由取水工程、净水工程、输水工程三大部分组成，并借助 B 水库有利的地理环境优势，在项目设计上，用于开展建设的资金和技术来源问题是关键突破口。

（二）项目融资的需求性分析

PPP 模式具有三大特征，即伙伴关系、利益共享和风险共担。伙伴关系是 PPP 模式运行中的基础性特征。公共部门之所以能和私营部门合作并形成伙伴关系，独特之处就是项目目标一致：在某个具体项目上，以最少的资源，实现最多、最好的产品或服务的供给。私营部门以此目标追求自身利益，而公共部门则以此目标实现公共福利和公共利益。利益共享特征是指共享利益，除了共享 PPP 的社会成果外，还包括使作为参与者的私人部门、民营企业或机构取得相对平和、长期稳定的投资回报。在 PPP 模式中，公共部门与私营部门合理分担风险的这一特征，是其区别于公共部门与私营部门其他交易形式的显著标志。

B 水厂整个项目需要引进投资 1.6 亿元，由于投资风险过大、财政能力有限、技术管理方面缺乏专业性等原因，政府单独承担资金责任是不妥当的，PPP 模式的运用可以减轻政府投资风险、压力和事务负担。政府不再需要投资特许经营范围内的供水设施，也不需要直接管理供水企业事务。采用投资人与政府联合成立的水务集团的形式，借助投资人原有的经验、技术和投资、采购、资金、用人等方面的管理经验，可以健全内部管控流程，利用新的企业管理机制，能够大大提高效率。

此外，PPP 项目普遍前期投入大、持续周期长、收益相对滞后，一般社会资本难以承受，政府盲目合作或后期企业因财力不支等原因退出项目，对项目本身的建设也将造成恶劣影响。因此，选择如供水、排水、污水处理、垃圾处理等有稳定收益的项目，更适合开展 PPP 模式。收益可见的 B 水厂的项目特性是适合开展 PPP 模式的。

（三）B 水厂项目的 PPP 运作情况

B 水厂项目总投资 3.2 亿元，X 县政府于 2012 年 10 月与湖北 S 水务有限公司签订协议，政府持股 51%，S 公司持股 49%，由湖北 S 水务有限公司承建，授予其 30 年的特许经营权，双方各投资 1.6 亿元。B 水厂特许经营期限为 30 年，期满后资产按合同规定移交 X 县政府，同时 S 公司享有优先续约权。

该项目是国家农村安全饮用水重点项目，主要由取水工程、输水工程、净水工程和供配水管网四大部分组成，采用分期建设、分阶段运营的方式建设，计划按三期实施：第一期工程建设东线约 36.5 公里的供水管道，投资约 1.5 亿元；第二期工程建设西线主管网 38 公里的路线，使县城供水形成环状，同时建设东西线 5 条，主要支管网 44 公里，投资 8000 万元；第三期工程完成村通管网建设 500 公里，投资约 3500 万元。全部建成后，日生产水量 5.69 万吨，受益人口达 62.8 万人，供水范围涉及全县 12 个乡镇。

历时三年，该项目第一期累计投入使用资金 1.4 亿元，B 水厂完成了主体工程建设和东线工程，实现了城区供水，使 X 县一地区 20 多万居民喝到了 B 水库经过过滤清洁的饮用水。而 B 水厂项目的第二期县城内西线工程尚在施工当中，第三期农村用水官网的建设在县城饮水全部到位后开工。

三、基层政府在实施 PPP 模式时面对的具体困境

从国内 PPP 项目的实施效果看，大多数项目取得了较好的经济效益和社会效益，例如，北京地铁 4 号线的 PPP 模式在成本、效率、服务等方面取得的效果是非常显著的，但也有不少在执行过程中暴露出问题，其中既有前期运作不规范、法律文本不严谨等原因，也有法规政策变化、经营条件等因素的影响。[6]

（一）X 县 B 水厂项目的操作经验

首先，评估项目中资金利用的效果和资源配置的情况是判断一项 PPP 融资合作成功与否的关键步骤。在 X 县 B 水厂的项目中第一期累计投入使用资金 1.4 亿元，与计划使用的资金相比节约了 1000 万元。

一般来说，对于盈利很少的公共项目而言，减少政府的投入是成功的关键。然而，像 B 水厂这样项目周期长达 10 年以上的大型项目而言，投资方和政府的收益会在项目建设的过程中受到诸多因素的干扰，其中项目时

间"跨度大"会从某一个方面影响政府和社会资本各自对项目最后收益的计算。

由于我国 PPP 模式并没有国外投融资项目发展成熟稳定，现阶段基本上是处于刚刚起步阶段，一个完整的项目中政府和社会企业单独完成各自的计划和指令，缺少沟通和交涉，另外在政府进行社会建设的大情景下，各种融资项目有必要向社会作出公示，让其他社会企业学习 PPP 项目融资模式的经验，以备日后参与和政府的合作，也应让民众知晓政府如何引资来做社会建设项目，因此各种信息平台有待建立，这有赖于依靠互联网来加强互信互通。

对于一个刚准备筹划的融资项目来说，制订一份政府和合作企业共同协商的文本合同是十分重要的。合同的订立既要着眼于项目建设可利用的现实条件，又要合理预设此项目在建设后能够达到的最终效果，因此在设计文本合同时，对资金、人员的任用、时间的规划、原材料的购置、应急情况的处理、违约情形等都要制订得十分细致严谨。文本合同的设计仅仅是一方面，在 X 县 B 水厂项目中，该项目的文本合同比较规范，但是经过实地考察发现，实际操作与合同文本的有时并不能做到一致，政府和社会企业按照合同进行合作时，对有些条例的执行存在着可以自由裁量的空间，如对原材料的采购问题上，实际支出往往超出合同原本的预算金额，如果是社会企业负责对这一部分原材料的购置，遇到这种情况，企业面对既定的资金限额无法随意变更，就会从其他部分减少支出，从而因为不可测因素降低项目的质量。

此外，由于我国对 PPP 模式的运用还缺少经验，政府和社会企业对合作的具体程序还缺乏一定的了解，在组织结构上政府也没有成立单独的 PPP 运作专班成员，对 PPP 运作的专业技巧还不够熟练，在政府和社会资本合作过程中，遇到突发状况时缺少合理应对问题的固定解决机制。

（二）基于困境的对策探讨

中国 PPP 的发展面临诸多瓶颈和障碍。中国政府应积极应对这些瓶颈和障碍，努力营造出适合 PPP 发展的生态环境，大力推进 PPP 可持续发展。[7]通过对 B 水厂融资项目的实地调研，现对该项目在融资、建设以及运营中存在的以下几点困境作出相应的对策分析。

困境一：缺少保障、监督、信息披露机制

首先，政府选择要合作的社会企业应该通过公开竞争招标来实现，在竞标的各个社会企业之间进行仔细评估和筛选，慎重地转交项目的特许经营权，建立信息平台来及时发布项目发展情况，实现政务公开。

其次，从融资合作的执行主体来说，有两个主体是确定不变的：一方是社会企业，另一方是政府。但是对于政府来说，还需要一个具体执行 PPP 融资模式的部门来负责项目的具体落实，例如，在 X 县 B 水厂的案例中，X 县水利局可以代表县政府单独和 S 公司开展交涉合作，但是由于在修建 B 水厂这个水利项目时也会涉及环保局的职权责任，由"谁统一监管"是一个需要解决的问题。

最后，在项目建设完成后，承包建设的经营方会将项目移交给政府，项目后期的维护也需要经费和专业的管理人员。然而融资项目的建设资金并没有涉及这一方面，所以在项目完成并转交给政府进行公共管理时，所投入的都会是公共资金，政府应对融资项目的保障、管理和监督作出合理回应。

困境二：项目周期跨度长带来的众多不确定因素

对于政府和社会企业合作建设的项目一般都涉及一定数量的消费群体和相对广泛的供应市场，规模较普通的建设项目更大，投入的人力、财力也会更多。伴随着这样的建设规模，项目建设的周期也相对更长，有的最少是 5 年，有的项目甚至达到二三十年不等。项目周期长，带来的问题是资源能否有效供给和项目建设是否可以具有连贯性。首先需要解决的问题就是不同批次的资金能否到位，大多数项目是按批次进行的，每一批可供应的资金是既定的。但在具体操作过程中，往往会出现资金拨付不到位、不及时的问题，继而影响了项目的进度，造成工程拖延。

项目周期跨度长还带来一个问题就是融资项目的收益不可预估，有些项目并不能在短期内看到实实在在的成效，有些项目的有益之处则会在很长一段时间周期才能逐步显现出来。

根据实地调查，基层政府长期执行一项 PPP 项目时，会因为管理人员的变动而产生对项目本身的影响。如果主管项目的分管负责人发生人事变动，接替项目的新负责人熟悉项目需要时间，更重要的是之前的负责人掌握了关于该项目的操作经验和网络资源，因此管理人员的更替会影响项目的质量和完善。

以上种种原因都会导致项目合同无法如期按要求履行，其中既有人为因素，也有客观因素，而这些不可避免的相关条件都会牵制着融资项目无法按原计划有效地执行。

困境三：确定签订项目的责任主体问题

在基层政府执行 PPP 融资模式时还会遇到一个常见的困境，即责任主体的确定问题。当多个政府部门共同配合完成一项融资项目时，应该由哪个部门承担主要责任，由哪个部门代表政府发言，由哪个部门来协调项目和民众的利益关系都对融资项目产生重要影响。

由于 PPP 融资项目在我国的发展尚不成熟，在探索和实践阶段不可避免地会遇到很多新问题，因此关于对政府和社会资本进行合作的项目融资的法律文本也尚未完全建立，立法的不完备也对 PPP 融资项目责任主体的确定造成了模糊的影响。除此之外，政府和社会资本合作的项目还会因为法律管制不能够触及"灰色地带"而产生权益的异动，会使人情关系发生作用却不易被察觉和揭露。

困境四：存在非专业性因素

在建立一份 PPP 项目融资合同之前，相关部门对政府和社会资本要合作的项目进行专业评估是十分有必要的。评估的内容包括建设项目的消耗和所得与时间成本的关系、产出和收益能否为公共服务带来正面效应、如何发挥该项目最大的效用。不少 PPP 融资合同的成功订立是经过专业的融资项目公司制订的，这在将来的融资合作中会成为一种新兴力量，即专业咨询机构为政府提供专业辅助，如对项目进行建设前评估，对建设中的项目进行绩效测量分析等，都可以提高未来公共服务的供给效率。

当前，政府和社会企业合作往往形成两个不同性质的力量，中间缺少信息的共享和意见的交换，这种情形不利于政府和社会企业信任的建立，因此必须加强政府和社会企业的谈判和交流，巩固合作的基础，通过多次谈判交换立场，促成双赢局面。

最后，当前大部分 PPP 融资模式的运用都会在一定程度上遇到风险问题，因此对突发问题的处理十分重要，但就目前融资项目的发展来看，风险分担机制不成熟。这体现在上文提到的责任主体模糊导致的责任难以追究，还体现在涉及多资金、多资源的融资项目上的投资风险。

四、结论和建议

今后，PPP 融资模式将会成为政府和社会资本合作的主要手段。借助着社会资本的力量，政府可以有效利用财政资金，合理分配财政资源，为公共服务创造更多的投资机会，更重要的是政府可以通过社会企业的专业技能为民众提供更优质、更专业化的公共服务，笔者认为这才是发展 PPP 融资模式要达到的理想效果。

因此，政府应该利用社会企业的专业性为公共服务创造发展空间，吸收专业服务的经验，用法律保障项目合作的正常运行，并做好风险防范的措施，确保投入的每一笔资金有所回报，努力增强政府提供公共服务的质量。

参考文献

［1］金永祥. PPP 模式典型案例一窥［J］. 施工企业管理，2015（2）.

［2］陈志敏，张明，司丹. 中国的 PPP 实践：发展、模式、困境与出路［J］. 国际经济评论，2015（4）.

［3］冯锋，张瑞青. 公用事业项目融资及其路径选择——基于 BOT、TOT、PPP 模式之比较分析［J］. 软科学，2005（6）.

［4］孙学工，刘国艳，杜飞轮，杨娟. 我国 PPP 模式发展的现状、问题与对策［J］. 宏观经济管理，2015（2）.

［5］亓霞，柯永建，王守清. 基于案例的中国 PPP 项目的主要风险因素分析［J］. 中国软科学，2009（5）.

［6］刘薇. PPP 模式理论阐释及其现实例证［J］. 改革，2015（1）.

［7］崔红永. 失败的 PPP 项目如何走出困境［N］. 中国建设报，2014 - 04 - 29.

［8］刘旭辉，陈熹. PPP 模式在新型城镇化建设中的推广运用研究［J］. 金融与经济，2015（2）.

［9］张康之. 限制政府规模的理念［J］. 行政论坛，2000（4）.

从公共产品理论看健康产业的概念与分类

◎张晓燕　倪春霞

武汉大学，湖北武汉，430072

摘　要： 国内外迄今尚未对健康产业提出明确且权威性的定义，目前对健康产业的研究存在着健康产业范围越来越大、概念混淆不清、分类标准多种多样等问题。本文从公共产品的理论出发，将健康产品分为公共健康产品、准公共健康产品和私人健康产品三大类，并对健康产业和健康事业的概念进行区分，认为健康产业是生产和提供私人健康产品或服务的行业，健康事业是提供公共健康产品和准公共健康产品的行业。健康事业应该由政府和非营利组织提供，由政府、非营利组织或市场生产，健康产业应该由市场提供和生产。

关键词： 公共产品理论　健康产业　健康事业

一、背景及理论基础

（一）背景

我国健康产业萌芽于20世纪80年代中期，以健康食品和保健服务业的兴起为标志。关于健康产业的研究起源于21世纪初，2000年徐健明提出21

世纪健康产业潜力非凡，姚鸿明首次提出健康产业包括方方面面。2003 年，SARS 催生了健康体检行业和国民对公共卫生的关注，2004 年举办了首届健康产业论坛，中国疾病预防控制中心健康教育所侯培森首次提出了"健康产业"这一概念。此后，健康产业逐渐受到了学者们的关注。

美国著名经济学家保罗·皮尔泽在《财富第五波》中将健康产业称为继 IT 产业之后的"全球财富第五波"。据学者测算，到 2015 年我国健康产业的市场规模达 4 万亿 ~ 5 万亿元，至 2020 年，我国健康产业的市场规模将达到 10 万亿元。[1]随着社会经济的不断发展和人们对大健康观念的不断深入了解，健康产业越来越受到国家和人们的重视，许多国家包括中国已经把健康产业作为未来重点促进经济和社会发展的新兴产业。但是，关于健康产业的定义，国内外迄今没有明确并且权威性的定义。在对健康产业概念和分类不清的情况下很难界定政府和市场在健康产业的生产和提供中应该承担的职责，这不利于资源的有效合理配置。

（二）理论基础

公共产品理论和产业经济理论是健康产业的理论基础。

自公共经济学理论尤其是公共产品理论诞生以来，在医疗卫生领域得到了广泛的应用，主要用于确定产品和服务的特性，从而分析政府和市场应当承担的职责。公共产品理论认为每个人对公共产品的消费不能减少别人对该产品的消费。纯公共产品具有消费的非竞争性、收益的非排他性和效用的不可分割性三个显著特征。消费的非竞争性是指消费该产品的边际成本为零。收益的非排他性是指一个人对该产品进行消费后，其他人也可以再消费该产品效用的不可分割性，在国防、治安等方面表现得尤为典型。纯公共产品由政府提供。与公共产品相对的具有消费的竞争性、可以被个别消费者占有的、效用具有可分性的被称为私人产品，私人产品由市场提供。介于纯公共产品和私人产品之间的被称为准公共产品，准公共产品应该由市场和政府混合提供。

产业经济学理论认为，产业是社会逐渐细化的产物，是具有同类属性的企业经济活动的集合。随着社会经济的不断发展和人民生活水平的不断提高，人们在生产生活中不断产生新的需求，针对新的需求的新兴产业也不断涌现和发展。健康产业就是在人们不断增长的健康需求的背景下产生的。

二、健康产业研究现状

（一）政策层面对健康产业的定义

中央政策层面并没有明确提出健康产业的定义，但是 2013 年国务院在《国务院关于促进健康服务业发展的若干意见》中对健康服务业进行了介绍，文件中指出健康服务业是以维护和促进人民群众身心健康为目标，主要包括医疗服务、健康管理与促进、健康保险以及相关服务，覆盖面广、产业链长。

目前，部分地方在政策法规中对健康产业的概念进行了初步的探究，2010 年成都市人民政府办公厅在《成都市健康产业发展规划（2010—2017年)》中提到健康产业的概念和分类。健康产业包括健康服务产业和健康制造经营产业，主要是指与人身体健康有关的、与医药产销及医疗服务直接相关的产业。其中健康服务产业包括医疗服务、养生康复、健康管理、休闲健身、营养保健、咨询服务、人才服务、培训考试等；健康制造经营产业涵盖医药用品、保健食品、保健用品、绿色食品、体育健身用品、医疗器械、中药材、医用材料、原料中间体、制造设备、包装材料、化妆品等。该规划中明确提出健康产业包含了健康服务产业和健康制造经营产业，没有将健康服务业和健康服务产业混淆。2012 年江西省鹰潭市的《鹰潭市大健康产业发展规划》中提出大健康产业可概括为生产健康产品、提供健康服务、发展健康文化三个方面。健康制造业涉及行业有医药、医疗器械、保健食品、营养产品、绿色有机食品、健康产品等；健康服务业则包括医疗卫生、康复疗养、养生服务、休闲娱乐、健康物流等；健康文化是对制造业、服务业提供文化支撑和品牌支持。2014 年 4 月《深圳市生命健康产业发展规划（2013—2020 年)》中提出生命健康产业包括生命信息、高端医疗、健康管理、照护康复、养生保健、健身休闲等领域的生命健康服务业以及为其提供支撑的生命信息设备、数字化健康设备和产品、养老康复设备、新型保健品、健身休闲用品等生命健康制造业。

综上所述,现有政策中主要根据三次产业的标准将健康产业分为健康服务业和健康制造业两大类,鹰潭市加入了发展健康文化,但是文化产业根据三次产业的分类标准还是属于服务业。将健康产业认为是与人体健康相关的方方面面,将健康产业等同于提供健康产品和服务的行业的集合,存在范围界定上的局限性。

(二) 学术层面对健康产业的定义

根据国内文献检索发现,对健康产业的分类一般有五个类型:一是按照三次产业的标准划分为第二产业中的制造业与第三产业中的服务业,健康制造业包括药品、保健品、医疗器械、健康食品等。健康服务业是指医疗服务、健康管理、休闲健身、健康咨询等。[2][3][4]二是从健康产业链的角度,将健康产业划分为事前产业、事中产业和事后产业,[5][6][7]认为健康产业包含预防疾病、维持健康、促进健康、健康损失以后修复健康等事前、事中、事后整一个完整的产业链。三是从健康消费需求和服务提供模式角度出发分为与医疗相关的健康产业和非医疗相关的健康产业。[8][9][10]四是从健康产业发展的不同目的出发,分为以预防疾病、维持健康为目标,以治疗疾病、恢复健康为目标,以实现更高层次的健康促进为目标,以促进健康的公平性和可及性为目标和以促进健康产业发展五个方面。[11][12]五是从健康产品和服务的提供出发可以将健康产业划分为与人类健康直接或间接相关的产业和边缘性的产业,[13][14][15]边缘性产业包含生物医学研究、运输业、长期照料保险产业等。

从上述五种健康产业的概念和分类中我们可以看出目前国内外对健康产业内涵的研究具有以下几个特点。

第一,健康产业的内涵和概念范围越来越大。随着"大健康观"不断被人们所接受,健康的概念和范围越来越大,根据国内大部分对健康产业的定义,认为健康产业是与人类健康相关的所有行业的集合,认为健康产业不仅包含与人类健康直接或者间接相关的产业,还包括运输业、生物医学研究等边缘性产业。

第二，健康业和健康产业概念混用。虽然只有一字之差，但是两个概念的含义是不同的。产业是指国民经济中以社会分工为基础，在产品和劳务的生产和经营商具有某些相同特征的企业或单位及其活动的集合。产业经济学理论认为，产业是一个市场化的概念。从产业的性质出发，健康产业涉及与人的健康相关的各行各业这种说法就太过片面。笔者认为产业是一个健康行业市场化的产物，目的是追求经济效益最大化，所以健康业应该包括健康产业和健康事业两个部分。

第三，国家对健康产业没有准确的定义。目前，只有国务院出台的《国务院关于促进健康服务业发展的若干意见》中提到了发展健康服务业，很多学者把健康服务业与健康服务产业的概念等同化了，笔者认为健康服务业应该包括健康服务产业和健康服务事业。中央政策的制定往往对社会经济和文化的发展具有重要的指导意义，所以关于健康产业的定义急需中央政府出台权威性的界定。

第四，健康产业的分类都是按照产业特点分类的，分类标准多种多样。健康产业分类的目的是更好地进行健康产品和服务的提供。由于健康产品和服务的复杂性，因而不能简单地按照产品和服务的类别进行分类，而是应该根据健康产业分类之后能够更加明确地界定政府和市场在健康产业提供中的作用和目的进行分类。

第五，国内外健康产业或者健康服务业包含的范围不一致。许多学者经常拿中国健康产业或者健康服务业占 GDP 的比重与美国、日本等发达国家相比较，发达国家的健康产业发展虽然起步较早，发展比较成熟，但是国内外健康产业或者健康服务业是不能进行简单的横向比较的。国外学者对健康产业的界定与我国不同，他们界定的健康产业内容更加丰富，由原来的以医药、医疗器械制造和医疗卫生服务为主向医疗保健、健身疗养、休闲养生、健康保险等更广泛的领域拓展。[16] 所以，我们在对国内外健康产业占 GDP 比重或者市场份额的大小进行比较时，需要先统一国内外健康产业包含的范围。

三、运用公共产品理论探讨健康产业的概念以及分类

（一）健康产业和健康事业的区别

笔者基于现有的文献研究和政策规划，认为健康业应该分为健康产业和健康事业两大类。健康产业是以实现经济效益最大化的市场行为的产物，是营利性组织进行的健康产品以及服务的提供的过程。健康事业是以实现社会效益最大化的政府干预的产物，其突出政府管理的职能，是非营利性组织向社会公众提供健康产品以及服务的过程。分类的目的是明确政府和市场在为社会公众提供健康产品和服务过程中的职能的大小和责任的分工，从而更好地为公众提供健康产品和服务。

（二）健康产品的分类

如何界定政府与市场在健康产业中的作用，应该以健康产业所提供的健康产品和服务的性质为分类标准。所以对健康产业进行分类的前提是对健康产品和服务进行分类。严妮等从公共产品与服务的理论出发，对卫生服务进行分类，将卫生服务分为基本医疗服务、非基本医疗服务、非基本公共卫生和基本公共卫生四大类，提出卫生服务的公共性程度越高，政府在服务中的责任越大，所承担的费用越多。[17]我们可以从公共产品的性质分析健康产品和服务的性质，进一步进行健康产业的分类。

健康产品和服务可以根据产品特性分为公共健康产品、准公共健康产品和私人健康产品。公共健康产品是指具有消费上的非竞争性和技术上的非排他性的健康产品和服务，私人健康产品是指具有消费上的竞争性和技术上的排他性的健康产品和服务，介于两者之间的对社会具有正外部性的健康产品可以归为准公共健康产品。由于健康产品关系到人的基本健康和社会保障制度的不断完善，公共健康产品的范围也在不断扩发，公共健康产品包含卫生服务中的基本公共卫生服务、健康管理中的健康教育与健康促进，健康信息管理中的建立健康档案等。准公共健康产品包括非基本公共卫生服务、基本医疗服务、药品行业中的基本药品等具有很强的正外部性的健康产品和服务。除了公共健康产品和准公共健康产品外，其他具有

竞争性和排他性的健康产品归为私人健康产品，比如个性化的健康咨询、高端养老机构、月子中心等。

（三）不同健康产品的生产与提供

根据健康产品和服务的不同分类，我们可以明确政府和市场在健康产品和服务的提供过程中的职责。公共产品的生产和提供是不同的概念，提供是指通过集体机制对公共物品的提供者、数量与质量、生产与融资方式、管制方式等问题作出决策；生产则是将投入变成产出的更加技术化的过程，制造一个产品或者在许多情况下基于一项服务。[18] 公共健康产品因为具有非竞争性和非排他性，加上有强的正外部性的影响，会导致市场的失灵，所以应该由政府来提供，既可以由政府直接生产也可以交给市场生产。准公共健康产品需要在政府提供的基础上引入第三方的非营利组织来提供，生产方式可以多样化，准公共产品提供也属于公共责任的范围之内。私人健康产品根据科斯定理，市场能够实现资源的最佳配置，不属于公共责任，应该由市场来生产和提供。

根据前文关于健康产业和健康事业的定义，我们将提供公共健康产品和准公共健康产品的行业归为健康事业，将生产和提供私人健康产品的行业归为健康产业，所以健康产业是一个市场生产和提供健康产品和服务的过程。

四、总结

现有的关于健康产业的概念以及分类中都存在着将健康产业和健康业概念混淆的现象，没有对健康事业和健康产业进行区分。本文从公共产品的理论出发，将健康产品分为公共健康产品、准公共健康产品和私人健康产品三大类，将健康产业和健康事业的概念进行区分，认为健康产业是生产和提供私人健康产品或服务的行业，以提高经济效益为目的，健康事业是提供公共健康产品和准公共健康产品的行业，以提高社会效益为目的。在对健康产品的生产和提供区别的基础上提出，不同的健康产品政府、市场和第三方非营利组织的职能并不相同。健康事业中的公共健康产品应该由政府来提供，可以由政府、市场或者第三方非营利组织进行生产；健康事业中的准公共健康产品应该由政府和第三方非营利组织来提供，同样应该由政府或者市场或者第三方非营利组织进行生产；健康产业应该是市场化的概念，即私人健康产品和服务应该由市场来生产和提供，从而促进健康资源的有效配置。

参考文献

[1] 魏际刚 . 健康产业的战略意义 [J]. 新经济研究，2012（4）.

[2] 宫洁丽，王志红，翟俊霞等 . 国内外健康产业发展现状及趋势 [J]. 河北医药，2011（14）.

[3] 王波，甄峰，沈丽珍等 . 健康产业发展与健康城规划探析——以秦皇岛市南戴河国际健康城为例 [J]. 规划师，2012（7）.

[4] 杨晓红，陈晔，张乐 . 探寻建立成熟的健康产业路径——金华市健康产业发展现状及路径研究 [J]. 浙江经济，2013（10）.

[5] 保罗·皮尔泽 . 财富第五波 [M]. 长春：吉林大学出版社，2004。

[6] 胡琳琳，刘远立，李蔚东 . 积极发展健康产业：中国的机遇与选择 [J]. 中国药物经济学，2008（3）.

[7] 吕岩 . 健康产业：我国现代化进程中的巨大机遇和挑战 [J]. 理论与现代化，2011（1）.

[8] 王晓迪，郭清 . 对我国健康产业发展的思考 [J]. 卫生经济研究，2012（10）.

[9] 陶呈义 . 对国内健康产业规划布局的哲学思考 [J]. 中国卫生产业，2006（6）.

[10] 陈亚光，徐莉莉 . 健康管理及其经营机制创新问题研究 [J]. 工业技术经济，2011（7）.

[11] 任静，张振忠，王云屏等 . 我国健康产业发展现状研究 [J]. 卫生经济研究，2013（6）.

[12] 孙海涛，吴华章．发展辽宁省健康产业的战略性思考 [J]．北方经济，2013（19）．

[13] 张再生，邵辉．老年健康产业发展的思路与对策——基于战略性新兴产业视角 [J]．中国卫生政策研究，2014（3）．

[14] 陈英耀，吕军．Stuart O. Schweitzer．控制卫生费用还是投资于健康——兼论健康产业模式 [J]．中国医院管理，2003（4）．

[15] 丁月，张颂奇．健康产业健康发展 [J]．中国医院院长，2014（15）．

[16] 张瑜琼．选择健康产业作为长三角地区战略性新兴产业的研究 [D]．宁波大学硕士学位论文，2013．

[17] 严妮，沈晓．公共产品：我国卫生服务分类与服务生产和提供方式的理论分析 [J]．理论月刊，2014（5）．

[18] 吴伟．公共物品有效提供的经济学分析 [M]．北京：经济科学出版社，2008．

基于主成分分析的市政设施水平综合测量

◎王宝成

三峡大学法学与公共管理学院，湖北宜昌，443002

摘　要：主成分分析依据样本数据将原始变量浓缩为市政基础设施总量因子、市政设施惠民度因子和城市环境宜居度因子三个维度。测量结果表明，主成分因子贡献结构失衡，市政设施整体水平偏低，市政基础设施呈现低水平同质化特征，市政设施惠民度和城市环境宜居度呈现区域发展失衡特征。建议市政设施建设重点转向市政惠民工程和城市宜居环境改造，整体提升市政设施质量，促进市政设施建设均衡发展，保障区域间市政设施建设协调发展。

关键词：市政设施　主成分分析　区域失衡　重心调整　均衡发展

国务院发展研究中心预测，到 2020 年，约占 60% 的中国人口将居住在城市，到 2050 年，约占 75% 的中国人口将会生活在城市。[1] "市政设施是服务于城市物质生产和公民生活的基础公共设施的总体，是具有公共产品属性的城市基础设施。"[2] 中国目前正在加速推进城市化进程，城市空间不断拓展，城市人口也与日俱增，迫切需要加强城市基础设施建设，提升城市服务于物质生产和公民生活的基本功能。然而，市政设施的承载力与城市功能发挥之间的矛盾日益凸显，市政设施的容量与城市居民的需求之间的失衡更加严重，全国范围内普遍存在交通拥堵、供水紧缺、垃圾"围城"、城市内涝等诸多严重的城市问题。市政设施承载力不足和市政设施容量有限的问题，已然成为制约城市化进程和城市功能发挥的瓶颈。

学界关于市政设施问题研究的定性研究成果居多，定量研究成果相对较少。定性研究的代表人物主要有张兴平（2000）、[3]余建忠（2004）、[4]王爽（2007）。[5]张兴平对城市基础设施项目社会评价进行了明确界定，并构建了项目评价的总体框架；余建忠提出并初步建立了城市基础设施现代化指标体系框架；王爽分析了我国城市基础设施建设存在的问题并提出了政策建议。定量研究的代表人物主要有来雨（2010）、[6]李侠（2010）[7]和王欣（2012）。[8]来雨利用聚类分析方法对2006年省级行政区城市设施水平进行了实证分析；李侠对华北、东北、华东三大地区的城市基础设施水平进行了TOPSIS方法分析评价；王欣运用因子模型和聚类分析对湖南省市政设施发展水平进行了综合分析。

本研究在借鉴学界研究成果的基础上，笔者将市政设施范围限定为城市区域范围内，包含城市道路交通、供水、排水、燃气、园林绿化、环境卫生、垃圾处理等公用事业的配套设施。下文根据这一界定首先初步设计市政设施水平的测量指标体系，然后收集2013年度全国31个省域市政设施统计指标的截面数据，最后采用主成分分析方法对全国31个省域市政设施水平进行综合测量，旨在考察中国省域市政设施水平的结构化特征及其存在的问题，并据此提出了中国省域市政设施型构的政策主张。

一、测量指标体系

市政设施是一个综合性概念，涉及多维度的内容。单一指标无法科学、全面测量市政设施水平，必须构建一套全面、科学、可操作的多维测量指标体系。根据市政设施的内涵界定，结合现有统计口径，本研究为了全面系统地测量中国省域市政设施水平，选取了城区面积、城市排水管道长度、城市污水日处理能力、城市照明灯数量、公共交通客运量、建成区绿化覆盖率、城市用水普及率、城市燃气普及率、每万人拥有公共交通车辆数、人均城市道路面积、人均公园绿化面积、年末实有道路长度、年末实有道路面积、出租汽车数量、清扫保洁面积、生活垃圾清运量和市容环卫专用车设备总量这17个典型指标，指标体系如表1所示。

表1 市政设施水平测量指标体系

目标层	指标层面	指标代码	目标层	指标层面	指标代码
市政设施	城区面积	X1	市政设施	人均城市道路面积	X10
	城市排水管道长度	X2		人均公园绿化面积	X11
	城市污水日处理能力	X3		年末实有道路长度	X12
	城市照明灯数量	X4		年末实有道路面积	X13
	公共交通客运量	X5		出租汽车数量	X14
	建成区绿化覆盖率	X6		清扫保洁面积	X15
	城市用水普及率	X7		生活垃圾清运量	X16
	城市燃气普及率	X8		市容环卫专用车设备总量	X17
	每万人拥有公共交通车辆数	X9			

注：笔者根据市政设施的内涵和中国统计年鉴现有统计口径整理。

二、测量方法和样本选择说明

（一）测量方法说明

本研究所选取的观测指标数量众多，部分观测指标之间存在较强的相关关系，存在着大量的重复信息，直接用这些观测指标分析中国省域市政设施水平的结构化特征及存在的问题，不但模型复杂，而且还会因为变量间存在多线共振问题而引起极大的误差。为了全面系统地测量中国城市政设施水平，笔者引入主成分分析方法对上文所设计的市政设施测量指标体系进行指标综合和降维处理，精简市政设施测量指标，构建市政设施的测量模型。因此，笔者在下文对主成分分析方法的功能思想和基本原理进行简要介绍。

主成分分析方法是考察多个变量间相关性的一种多元统计方法，研究如何通过少数几个主成分因子来解释多个原始变量间的内部结构，常用来寻找判断某种事物或现象特征的综合指标，并且给出综合指标所包含信息的适当解释，更加深刻准确地揭示事物或现象的内在规律。[9]

主成分分析方法的基本原理是根据变量间相关性大小对变量进行分组，将相关性较高的变量分在同一组，引入主成分综合因子作为综合指标，解释相关性较高的多个原始变量信息，而不同组的变量间相关性则较低，形成少数几个互不相关的综合指标，减少分析问题的维度，去除分析问题的重复信息，降低讨论问题的复杂性，准确反映原始变量信息，简化问题分析模型。[10]

（二）样本选择说明

本文选取 2013 年度全国 31 个省域（不包含香港、澳门和台湾地区）市政设施水平作为观测样本，主要基于以下三个方面的综合考虑。

一是国内外研究现状决定了市政设施研究的创新空间。文献研究表明，学界关于市政设施的研究在国家层面或者某个区域的历史性考察成果居多，同时选择多个全国和省域市政设施作为观测样本的研究成果则较为鲜见。因此，本研究选取全国范围和省域市政设施作为观测对象。

二是省域行政区划地位决定了市政设施研究的实践价值。省域在国家层面和地方区域行政区划中扮演着承上启下的衔接角色，是全国和地方治理网络体系的关键节点。一方面，省域必须接受中央统一领导；另一方面，省域在其辖区内充分发挥领导作用。因此，本研究选择全国和省域市政设施作为观测对象，考虑到香港、澳门和台湾地区的体制差异，将这三个样本剔除。

三是样本数据质量决定市政设施研究的现实操作性。样本数据的权威性、时效性和可得性决定样本数据质量，国家统计局发布的《中国统计年鉴 2014》数据权威，不仅各项指标齐全，而且统计指标科学，数据获取方便快捷。因此，本研究选取《中国统计年鉴 2014》作为样本数据来源。

三、测量过程和测量结果

（一）测量过程

整个测量过程使用 SPSS 18.0 辅助完成。第一步，按照前文设计的市政设施水平测量指标体系在《中国统计年鉴 2014》收集全国和 31 个省域市政设施水平测量指标的原始数据，并录入 SPSS 18.0 数据窗口和变量窗口，为消除变量间的量纲差异，对原始数据进行标准化处理；第二步，选取 SPSS 18.0 分析功能中的因子分析模块主成分分析方法对原始数据进行降维处理，并依据主成分因子的方差贡献率构建市政设施水平的测量模型。

（二）测量结果

测量结果重点考察了主成分分析的前提条件、主成分的方差贡献率、主成分对原始变量的解释度以及主成分加权求和计算市政设施水平测量结果。

1. 主成分分析的前提条件

主成分分析的前提条件通常采用 KMO 检验和 Bartlett 球形检验进行判断。KMO 检验变量间偏相关是否较大，Bartlett 球形检验判断相关阵是否是单位阵。KMO 统计量越接近于 1，变量间相关性越强，主成分分析效果越好，KMO 值在 0.7 以上时，主成分分析效果一般会比较好。Bartlett 球形检验的近似卡方值比较大，且对应的概率 P - 小于给定的显著性水平，则表明适合对原有变量做主成分分析。主成分分析的前提条件输出结果见表 2。

表 2　　　　　　　　　　　KMO 和 Bartlett 的检验输出结果

KMO 值		0.858
Bartlett 球形检验	近似卡方	1610.554
	df	136
	Sig	0

如表 2 所示，KMO 值为 0.858，大于 0.7，表明很适合做主成分分析，而且效果会很好。Bartlett 球形检验的近似卡方值为 1610.554，对应的概率 P - 为 0，同样表明很适合对原始变量做主成分分析。

2. 主成分的方差贡献率

主成分的方差贡献率是衡量主成分对原始变量解释度的关键指标，分析过程一般重点考察各个主成分的方差贡献率以及主成分方差的累计贡献率。一般而言，主成分的方差贡献率越大，则说明该主成分的重要性越高，对原始变量的解释度越强。方差的累计贡献率到85%，则表明主成分反映了原始变量的绝大部分信息，主成分分析效果理想。主成分的方差贡献率见表3。

表3　　　　　　　　主成分方差贡献率输出结果　　　　　单位：%

初始特征值			提取平方和载入			旋转平方和载入		
合计	方差	累计	合计	方差	累计	合计	方差	累计
11.003	64.726	64.726	11.003	64.726	64.726	10.935	64.322	64.322
2.635	15.499	80.226	2.635	15.499	80.226	2.436	14.327	78.649
1.376	8.092	88.317	1.376	8.092	88.317	1.644	9.668	88.317

注：按照特征值大于1的标准，采用方差最大法旋转提取主成分，分别记为F1、F2和F3。

如表3所示，旋转后的主成分F1、F2和F3的方差贡献率分别为64.322%、14.327%和9.668%，这表明主成分F1贡献率最大，F2贡献率次之，F3的方差贡献率最小，这说明，主成分F1对原始变量的解释度最强，F2对原始变量的解释度次之，F3对原始变量的解释度最弱。主成分的方差累计贡献率达到88.317%，大于85%，这表明，提取F1、F2和F3这3个主成分可以反映原始变量的绝大部分信息，主成分分析效果理想。

3. 主成分对原始变量的解释度

主成分对原始变量的解释度主要考察主成分的因子载荷这一关键指标。这一关键指标是反映主成分因子与原始变量间相关程度重要指标。一般而言，主成分的因子载荷绝对值越接近1，则表明该主成分与原始变量间的相关性越强，对原始变量的解释度越高。主成分的因子载荷输出结果见表4。

表 4   旋转后的因子载荷输出结果

	主成分				主成分		
	1	2	3		1	2	3
城区面积 X1	0.995	0.059	0.041	人均城市道路面积 X10	0.021	0.062	0.837
城市排水管道长度 X2	0.995	0.055	0.046	人均公园绿化面积 X11	0.038	0.171	0.847
城市污水日处理能力 X3	0.997	0.045	0.014	年末实有道路长度 X12	0.997	0.042	0.059
城市道路照明灯 X4	0.997	0.03	0.049	年末实有道路面积 X13	0.997	0.038	0.062
公共交通客运总量 X5	0.995	0.071	−0.033	出租汽车辆数 X14	0.996	0.035	−0.017
建成区绿化覆盖率 X6	0.072	0.793	0.314	清扫保洁面积 X15	0.997	0.04	0.055
城市用水普及率 X7	0.025	0.676	0.042	生活垃圾清运量 X16	0.998	0.039	0.002
城市燃气普及率 X8	0.07	0.839	0.248	市容环卫专用车辆设备	0.997	0.056	−0.005
每万人拥有公共交通车 X9	0.02	0.766	−0.21	总数 X17			

如表 4 所示，主成分因子 F1 在城市面积、城市排水管道长度、城市污水日处理能力、城市照明路灯、公共交通客运总量、年末实有道路长度、年末实有道路面积、出租汽车数量、清扫保洁面积、生活垃圾清运量、市容环卫专用车辆设备总数这 11 个原始变量上的载荷较大，是这 11 个原始变量的综合指标，可以解释为市政基础设施总量因子；主成分因子 F2 在建成区绿化覆盖率、城市用水普及率、城市燃气普及率和每万人拥有公共交通车这 4 个原始变量上的载荷较大，是这 4 个原始变量的综合指标，可以解释为市政设施惠民度因子；主成分因子 F3 在人均城市道路面积和人均公园绿化面积这两个原始变量上的载荷较大，是这两个原始变量的综合指标，可以解释为城市环境宜居度因子。

4. 市政设施水平综合测量模型和测量结果

市政设施水平综合测量模型选取市政设施水平综合测量得分 F 作为因变量，主成分因子得分 F1、F2 和 F3 作为自变量，采用主成分 F1、F2 和 F3 的方差贡献率作为权数。具体测量模型为 $F = 0.64332F1 + 0.14327F2 + 0.9668F3$（F 表示市政设施水平综合测量得分），具体测量结果见表 5。

表5　　　2013年度全国范围和31个省域市政设施水平综合测量结果

区域	F1	F2	F3	F	区域	F1	F2	F3	F
全　国	5.44	-0.06	-0.1	3.4	河　南	-0.07	-1.19	-0.6	-0.8
北　京	-0.2	2.67	-1.63	-1.32	湖　北	-0.13	0.14	-0.1	-0.16
天　津	-0.29	1.11	-0.36	-0.38	湖　南	-0.17	-0.16	-0.67	-0.77
河　北	-0.2	0.64	0.81	0.74	广　东	0.18	0.43	0.57	0.73
山　西	-0.24	0.15	-0.24	-0.36	广　西	-0.21	-0.46	0.21	0.01
内蒙古	-0.21	-0.95	1.87	1.53	海　南	-0.35	0.3	0.68	0.47
辽　宁	-0.04	0.39	-0.48	-0.44	重　庆	-0.27	0.04	0.92	0.72
吉　林	-0.15	-1.03	-0.1	-0.35	四　川	-0.12	-0.4	-0.42	-0.53
黑龙江	-0.14	-0.44	-0.26	-0.41	贵　州	-0.21	-1.41	-0.61	-0.93
上　海	-0.13	0.9	-2.45	-2.32	云　南	-0.22	-0.49	-0.7	-0.88
江　苏	0.09	0.77	1.36	1.49	西　藏	-0.19	-3.15	-1.05	-1.59
浙　江	-0.1	0.9	0.26	0.32	陕　西	-0.26	0.57	-0.32	-0.4
安　徽	-0.19	0.13	0.79	0.67	甘　肃	-0.23	-1.31	-0.08	-0.42
福　建	-0.25	0.83	-0.07	-0.11	青　海	-0.31	0.01	-1.38	-1.53
江　西	-0.29	0.19	0.83	0.65	宁　夏	-0.35	-0.19	1.57	1.26
山　东	0.05	0.65	2.26	2.31	新　疆	-0.26	0.4	-0.51	-0.6

四、简要结论和政策建议

(一) 简要结论

1. 市政设施水平主成分因子贡献呈现明显的结构性失衡特征，基础设施总量因子的贡献最大，市政设施的惠民度和城市环境宜居度亟待提高

结合主成分因子的方差贡献率和主成分对原始变量的解释度可见，市政设施总量因子的方差贡献率高达64.322%，市政设施惠民度因子的方差贡献率为14.327%，城市环境宜居度因子的方差贡献率为9.668%，这表明，市政设施总量、市政设施惠民度和城市环境宜居度这三个主成分因子的贡献失衡，市政设施水平呈现明显的结构失衡特征，全国范围和31个省域的市政设施水平大多属于基础建设型，处于最低层次，而处于较高层次

的市政设施的惠民度和城市环境宜居度则亟待提高。

2. 市政设施整体水平偏低，市政基础设施总量呈现低水平同质化特征，市政设施惠民度和城市环境宜居度呈现区域发展失衡特征

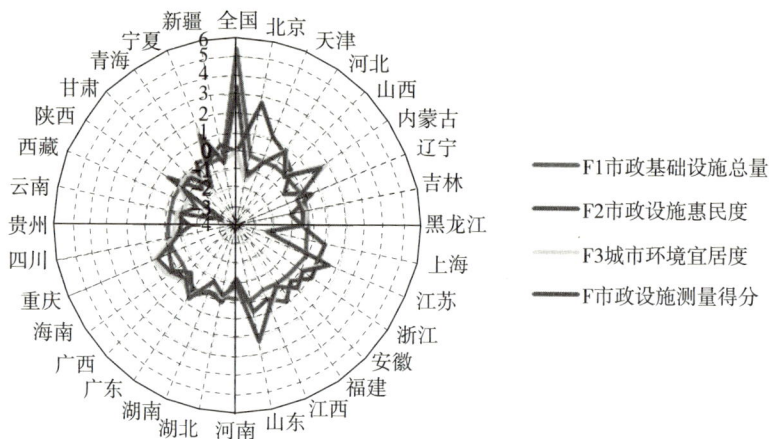

图1 全国范围和31个省域市政设施水平测量结果分析雷达

根据表5中的测量结果数据，笔者绘制了全国范围和31个省域市政设施水平测量结果分析雷达图（见图1），更加直观地分析市政设施水平的结构化特征及存在的问题。

表5和图1综合表明，在全国范围和31个省域中，19个省域市政设施水平测量得分小于0，取值分布在 -2.32~0，呈现整体水平偏低，区域发展失衡特征；28个省域市政基础设施总量得分小于0，取值分布在 -0.35~0，呈现低水平同质化特征；12个省域市政设施惠民度得分小于0，取值分布在 -3.15~0，呈现整体水平偏低，区域发展失衡特征；19个省域城市环境宜居度得分小于0，取值分布在 -2.45~0，呈现整体水平偏低，区域发展失衡特征。

（二）政策建议

1. 搞好市政基础设施维护，调整市政设施建设结构，重点转向市政惠民工程和城市宜居环境改造

针对全国和31个省域市政基础设施总量贡献率较高这一实际情况，笔

者建议关注城市面积、城市排水管道长度、城市污水日处理能力、城市照明路灯、公共交通客运总量、年末实有道路长度、年末实有道路面积、出租汽车数量、清扫保洁面积、生活垃圾清运量、市容环卫专用车辆设备总数这 11 个观测指标，做好相应的市政基础设施维护工作。针对处于较低层次的市政基础设施总量因子的贡献率较高，而处于较高层次的市政设施惠民度和城市环境宜居度这两个因子的贡献率较低这一实际问题，笔者建议调整市政建设结构，将市政建设重点转向市政惠民工程和城市宜居环境改造，市政惠民工程建设重点关注建成区绿化覆盖率、城市用水普及率、城市燃气普及率和每万人拥有公共交通车这 4 个观测指标，城市宜居环境改造重点关注人均城市道路面积和人均公园绿化面积这两个观测指标。

2. 推动市政设施建设的质量提升，促进市政设施建设均衡发展，保障区域间市政设施建设协调发展

针对全国和 31 个省域市政设施整体水平偏低这一问题，笔者建议抓住市政基础设施总量、市政设施惠民度和城市环境宜居度这 3 个关键因子，从关注总量指标转向关注质量指标，打破市政设施建设的数字屏障，关注市政设施建设的质量要素，优化市政设施建设的结构形态，合理分配市政基础设施建设、市政设施惠民工程建设和城市居住环境建设的政策支持力度和财政投入比重。从而促进市政基础设施建设、市政设施惠民工程建设和城市居住环境间均衡发展，打破区域间市政设施建设低水平同质化和发展结构失衡并存现状，促进各个区域市政设施建设质量全面提升，保障各个区域间市政设施建设协调发展。

参考文献

［1］丘曙兰. 市政设施建设管理存在的问题与对策［J］. 现代物业，2011（7）.

［2］杨宏山. 市政管理学［M］. 北京：中国人民大学出版社，2009：210～211.

［3］张兴平. 城市基础设施项目社会评价研究［J］. 城市规划，2000（9）.

［4］余建忠. 浙江省城市基础设施现代化指标体系研究［D］. 浙江大学硕士学位论文，2004.

［5］王爽. 我国城市基础设施建设存在的问题及政策建议［J］. 辽宁行政学院学报，2007（9）.

［6］来雨等. 城市设施水平的聚类分析［J］. 黑龙江科技信息，2010（31）.

［7］李侠等. 基于模糊熵的城市设施水平综合评价分析［J］. 计算机技术与发展，2010（7）.

［8］王欣. 基于因子分析的城市设施水平综合评价——以湖南省为例［J］. 科技创业月刊，2012（4）.

［9］张文彤，董伟. SPSS 统计分析高级教程（第 2 版）［M］. 北京：高等教育出版社，2013：213.

［10］邓维斌，唐兴艳，胡大权，周玉敏. SPSS19 统计分析实用教程［M］. 北京：电子工业出版社，2013.

［11］薛薇. SPSS 统计分析方法及应用［M］. 北京：电子工业出版社，2009：302 - 322.

美丽乡村建设的黄陂模式探析
——基于杜堂村的调查

◎段云华　谭　宁　袁文艺

湖北经济学院财政与公共管理学院，湖北武汉，430205

摘　要：基于对黄陂区杜堂村美丽乡村建设的调查，本文提炼出以"美丽经济"为核心意蕴的美丽乡村建设黄陂模式，即通过美丽乡村建设，实现"农业强""农民富"与"农村美"的统一。美丽乡村建设黄陂模式的驱动力在于政府引导、农民主体、社会参与的三位一体。加强美丽乡村建设的关键在于实现四个结合：乡村建设与现实条件的结合、政府支持与社会参与的结合、生态美丽与生产发展的结合、美丽乡村与村民幸福的结合。

关键词：美丽乡村　美丽经济　黄陂模式

2012 年 11 月，党的十八大从新的历史起点出发，做出"大力推进生态文明建设"的战略决策。"美丽乡村"建设无疑是生态文明和美丽中国建设的重要组成部分。2013 年，中央一号文件提出"推进农村生态文明建设"，"努力建设美丽乡村"。2014 年，中央一号文件再次强调指出"通过美丽乡村建设，建设农民美好生活的家园"。2015 年，中央一号文件又提出"中国要强，农业必须强""中国要富，农民必须富""中国要美，农村必须美"。

自 2007 年浙江省安吉县在国内第一个提出建设"美丽乡村"以来，以东部为主的若干地方政府展开了美丽乡村建设的实践，并涌现出各具特色的美丽乡村模式，如一、二、三产联动的"安吉模式"，市校合作的"湖州模式"，"五位一体"的"宁国模式"，"四级联创"的"衢州模式"等。近年来，位于中部地区的湖北省武汉市黄陂区在美丽乡村建设上作出了积极的探索。笔者对此进行了实地调查，并对黄陂美丽乡村建设的经验和问题进行总结和分析，期望为美丽乡村的深入建设提供有益的思路。

一、实证考察：对黄陂区杜堂村美丽乡村建设的调查

黄陂区面积为 2261 平方公里，2015 年户籍人口 112.48 万人，是武汉市面积最大、生态环境最好的市辖区。武汉市 2014 年出台《关于推进美丽乡村建设的指导意见》，指引全市"美丽乡村"建设的方向，并推出一系列的奖励和扶持政策。武汉市在全市选取了美丽乡村建设的 4 个示范村和 16 个创建村，黄陂区姚集街杜堂村即为其中的一个创建村，杜堂村同时也是湖北省新农村建设示范村。2015 年 7 月，笔者到杜堂村调查。调查方式包括问卷调查和深度访谈，调查对象包含村民、政府官员和企业三大主体。针对村民进行问卷调查和访谈，针对政府官员和企业负责人展开深度访谈。笔者对问卷与访谈获得的信息进行了系统的收集与整理，并运用 SPSS 等统计软件进行定量分析和定性分析相结合的数据分析。

（一）对村民的调查

杜堂村共有 11 个村湾，共计 471 户，总人口 1748 人。被纳入美丽乡村建设创建村的是葛家湾，占地面积 241 亩（含村湾周边水面和林地），现有村民 113 户，共计 474 人。由于调查时间为 7 月初，大部分外出打工者还未归家，所以村中所留人数不多，以老人和孩子为主。实地调查以家庭为单位，发放问卷，同时进行面对面交流。此次共发放 60 份问卷，回收有效问卷 47 份。

1. 村民对美丽乡村建设的知情度

表 1 对美丽乡村建设政策的了解程度

		频率	百分比	有效百分比	累积百分比
有效	非常了解	1	2.1	2.1	2.1
	比较了解	9	19.1	19.1	21.3
	一般	21	44.7	44.7	66.0
	不了解	16	34.0	34.0	100.0
	合计	47	100.0	100.0	

表 2 对村委会宣传美丽乡村政策的力度的认可程度

		频率	百分比	有效百分比	累积百分比
有效	力度大	14	29.8	29.8	29.8
	力度小	11	23.4	23.4	53.2
	没有宣传	9	19.1	19.1	72.3
	不清楚	13	27.7	27.7	100.0
	合计	47	100.0	100.0	

姚集街道办事处以及美丽乡村建设项目承建企业万中宏业建设工程有限公司曾发放《致广大农户的一封信》，指出美丽乡村建设项目包括环境干净整洁、产业生态高效、基础设施完善等五个方面，与农户签订协议书。同时召开村民大会，给村民讲解美丽乡村建设项目。但是回收的 47 份有效问卷中，村民对美丽乡村建设的相关政策了解情况并不多，一般和不了解占到总百分比的一半以上，这可能与受访者中以老人为主的结构有关，也反映了政府宣传的力度尚待加强。

2. 村民对美丽乡村建设的支持度

表 3 支不支持美丽乡村建设

		频率	百分比	有效百分比	累积百分比
有效	支持	44	93.6	93.6	93.6
	无所谓	3	6.4	6.4	100.0
	合计	47	100.0	100.0	

回收的问卷以及调查过程中村民的反映显示,村民大多支持美丽乡村建设,原因可以归纳为四个方面。第一,村民几乎不用自己出钱;第二,美丽乡村建设过程中流转了部分土地,给予了相应补贴,同时提供了就业机会;第三,第三方投资人为本地人,出于对熟人的信任;第四,总体上村民相信美丽乡村建设可以改善环境。

3. 村民对美丽乡村建设的认可度

表 4　　　　美丽乡村建设有没有带来环境的改善

		频率	百分比	有效百分比	累积百分比
有效	有	46	97.9	97.9	97.9
	没有	1	2.1	2.1	100.0
	合计	47	100.0	100.0	

表 5　　　　美丽乡村建设是否可以提高收入

		频率	百分比	有效百分比	累积百分比
有效	会提高	22	46.8	46.8	46.8
	没有多大变化	25	53.2	53.2	100.0
	合计	47	100.0	100.0	

表 6　　　　美丽乡村建设是否可以提高您的幸福感

		频率	百分比	有效百分比	累积百分比
有效	会提高	39	83.0	83.0	83.0
	不会	8	17.0	17.0	100.0
	合计	47	100.0	100.0	

从表 4 至表 6 可以看出,杜堂村村民对于美丽乡村建设能改善环境认可度较高,也认为幸福感会有所提升,但对于自身经济收入的变化存在一定的怀疑态度,认可度不太高,这可能与美丽乡村建设刚启动,经济效益尚待显现有关。

(二)对政府的调查

调查对象包括区政府街道办事处以及作为村民自治组织的村委会,笔者分别对这三个层次的干部进行了面对面访谈,获取了第一手材料。

1. 美丽乡村建设的政策

一是组织领导。从区级层面建立项目责任制，由黄陂区新农村建设工作领导小组及其六个工作专班指导、监督、协调、管理。姚集街道办事处作为责任主体，成立工作领导小组和工作专班，规划设计单位负责技术支持和协助实施。

二是资金筹措。项目计划总投资2345万元，其中市级支持452万元，区内配套整合615万元，企业投入1278万元。市级奖补资金按照比例拨付，文件下达后，市财政局下拨50%的启动资金，待项目全部完成并验收合格后，再将剩余的50%资金根据审计额度据实拨付。姚集街道办事处设立美丽乡村建设资金专门账户，专款专用。美丽乡村建设财政专项补贴资金的筹措、拨付按照相关管理办法执行。

三是奖补政策。美丽乡村示范村实施方案通过市级评审的，市级财政对该村湾的规划设计、基础设施和农户立面整治等项目，实行"以奖代补"。按照每个农户4万元的标准，对该村湾规划设计和基础设施项目以及对该村湾农房立面整治项目给予补助。进行美丽乡村建设的村湾，其农户数不得少于30户，并由市新农办授予"武汉市美丽乡村建设示范村"的称号。对于只开展环境整治和基础设施建设项目、并达到相关项目建设标准的创建村湾，市里按照每个农户4万元的标准给予基础设施补助，并由市新农办授予"武汉市美丽乡村建设创建村"的称号。

四是项目管理。美丽乡村建设项目严格实行招标投标制，确立中标人后，按照管理处竣工验收申请——区初验——市检查验收程序，根据相关办法和标准，重点对项目建设完成、资金到位及使用、项目变更、工程质量、法律法规执行、投产或投入使用准备、竣工决算、档案资料等情况检查验收，并进行绩效评价。

2. 相关政府负责人的访谈

调查过程中，姚集街道办事处美丽乡村建设项目负责人吴主任谈了三点看法：第一点，美丽乡村建设项目是政府基于长远考量的。黄陂区是旅游大区，每年旅游的经济收入在黄陂区全年收入中占据2015年或2016年具体比重，但是旅游资源还未得到充分利用，品牌效益有待提升。在姚集杜堂村建设美丽乡村，可以借助黄陂区已有旅游名胜的名气，开发姚集的旅游资源，发展生态旅游。第二点，美丽乡村建设离不开政府给予了支持与帮助，一方面，各村申请到了市级财政奖补资金，并且以后项目建设成功后的相关资金都将向美丽乡村项目倾斜；另一方面，政府设立专班专人，协助村委会实施项目工程，帮忙宣传和组织，希望可以提高当地村民的整体收入。第三点，区政府希望以建设美丽乡村为契机，大力发展旅游业，在改善镇容村貌的基础上，逐步建立完善长效机制，实现美丽乡村的长效和内生发展。

（三）对企业的调查

1. 企业承建的美丽乡村建设项目

万中宏业建设工程有限公司是负责杜堂村美丽乡村建设的企业。公司负责人葛总是杜堂村葛家湾人，早年外出打工，赚了钱之后回到家乡带动村民致富，村中有不少人在葛总的公司打工。通过投标，该公司承建美丽乡村建设项目。在进行村湾环境改造的同时，公司利用"美丽乡村"建设的契机，投入 180 万元聘请重庆浩鉴旅游规划设计院对杜堂村进行整体规划设计，打造主题为木兰花乡的旅游项目，该项目规划分期目标定位为：国家 3A 级景区、武汉城郊赏花目的地及美丽乡村示范区、全国休闲农业与乡村旅游示范点。

公司负责的美丽乡村项目包括建设规划、民居建设、基础设施建设、产业发展、公共服务和环境治理改善 6 大类，共计 28 个建设项目。这些项目分为两大类。第一类是环境改善和基础设施建设，含道路、雨污分流、污水处理、绿化、公共照明、公厕等项目；第二类是调整产业结构。在保障基本农田的基础上发展有机、生态、绿色农业和景观林业。以每年每亩 200 元左右的价格流转村民的土地，用于有机蔬菜种植。利用丰富的农产品资源发展农业和旅游商品加工业。招商引资，引导外出务工人员回流，发展乡村旅游休闲业。修建水库，打造苗木基地，保护古树。充分利用杜堂村的茶叶、花卉、乡土文化等资源，打造杜堂花村、森林茶园以及湿地荷园三大特色农旅结合的园区。通过旅游带来的客流促进花卉苗木业和接待服务业的发展，最终形成以服务业为主导的产业经济结构。

2. 企业负责人访谈

采取面对面访谈和电话访谈的形式，笔者了解到，对于美丽乡村建设项目，企业负责人葛总既高兴也担心。葛总指出，承包美丽乡村建设项目有两个原因：一是本土情节。虽然已经是千万富翁，不愁吃穿，但是看到家乡还很落后，就想带动家乡一起发展。通过美丽乡村建设，发展生态旅游，村民可以自营"农家乐"或者去公司上班，收入能够得到提高，同时村庄的经济结构也得以调整，经济快速发展，达到"共同富裕"。二是商机。商人有着对商机敏锐的洞察力。随着生活水平的提高和城市环境的拥挤，越来越多市民倾向于到郊区和农村来旅游养生，生态旅游无疑是符合时代发展需要的。与此同时，葛总认为，美丽乡村建设过程中也存在一定问题。项目建设前期公司已经投入 1 千多万元，而政府的奖补资金迟迟不下。另外，杜堂村申请的是"美丽乡村建设创建村"，但是实际上却是按照"示范村"的标准修建，资金投入量大，又没有其他企业加入，单靠一家公司，资金压力大。再者，虽然是本村人，得到了村民委员会的支持，但是仍有部分村民不支持，要求提高补偿金额，对工程施工造成一定困扰。

二、模式提炼："美丽经济"是美丽乡村建设黄陂模式的核心意蕴

关于美丽乡村的内涵，学界有不同视角的界定，可归纳为三个层次。第一个层次是字面意义上理解的生态良好和环境优美，也即新农村建设所要求的"村容整洁"；第二个层次是生态美丽加上经济发展，即新农村建设所要求的"生产发展，生活富裕，村容整洁"；第三个层次则涵盖自然与社会等各个方面，如美丽乡村集发展之美、生活之美、生态之美、人文之美于一体，再如建设美丽乡村就是要实现村容村貌整洁环境美、农民创业增收生活美、乡风文明农民素质美、管理民主乡村社会美。第三个层次对美丽乡村的理解涵盖了新农村建设的全部要求，即"生产发展，生活富裕，

村容整洁，乡风文明，管理民主"。笔者认为，这三个层次的界定中，第一个层次指明了美丽乡村的生态美丽的表象，第三个层次则涉及农村建设的方方面面，包罗万象，过于庞杂，指向性不强。而第二个层次的界定，既指明了生态美丽的表象，也揭示了经济发展的内核，最终指向生活富裕、村民幸福的目标。正如于法稳教授所指出的，"美丽乡村建设"是生产、生活、生态三位一体的系统工程。

杜堂村是黄陂美丽乡村建设的一个缩影。杜堂村周边，有胜天村、门楼村等众多的美丽乡村建设示范村和创建村。2014 年起黄陂区重点建设"2 +7"个美丽乡村，其中 2 个示范村是木兰山村、官田村，7 个创建村是门楼村、胜天村、章华村、杜堂村、竹园村、李湾村、彭家岗村。基于杜堂村等乡村的实践和经验，可以提炼出"环境美丽 + 经济发展"的美丽乡村建设的黄陂模式，即"美丽经济"模式。"美丽经济"旨在实现"农业强""农民富"与"农村美"的统一。"农村美"体现了与时俱进的农民对高品质生活的需求，但需要经济基础来支撑。财政支持只能满足美丽乡村建设的"村容整洁"的低层次需求，或重点扶持个别的样板工程。只有在"农村美"的过程中农业强了、农民富了，才能保证对"农村美"的经济支撑和农民支持，实现可持续的内生的"农村美"。黄陂模式的"环境美丽"包括三个方面：一是得天独厚的自然环境。丰富的旅游资源是美丽乡村建设黄陂模式的基础条件。黄陂被誉为"武汉后花园"，以良好的生态环境和丰厚的旅游资源闻名。黄陂目前拥有木兰山、木兰天池、木兰草原等近 20个木兰系列景区，其中国家 5A 级景区 1 个，4A 级景区 4 个，3A 级景区 4个。山水环绕，林木和花卉众多，空气清新，依托于木兰文化，黄陂人文气息和文化底蕴浓厚。二是美丽乡村建设后的村容美。美丽乡村的项目建设中，重点是环境和基础设施建设，如建立垃圾收集处理体系，修建无害化卫生公厕和星级旅游公厕，取消露天集中处理垃圾；整治旧村水道，完善村域水系格局；修整土地，铺建草坪；建设"洁、绿、亮、美"的美丽特色村庄；对于村民房屋，进行立面整治，整修房屋，采用荆楚风格建筑，同时充分挖掘黄陂传统乡村民居特色，保留部分原来的建筑，如黄土屋、瓦片顶还有干净的猪圈。三是产业结构调整后的产业美。如发展有机农业，可以有效减少传统农业生产中化肥和农药的投入，控制农业面源污染。"经济发展"包括两个方面：一是发展乡村旅游休闲业。黄陂发展乡村旅游休闲业的条件是美丽的生态环境，便捷的交通条件，背靠庞大的客源市场。黄陂地处武汉市郊区，内有四条国道交会，20 分钟车程可抵达武汉市中心，1 小时车程抵达武汉城市圈其他城市，3 小时车程抵达相邻省会。武汉市是人口超过千万的特大城市，武汉市民在周末和节假日拥有巨大的休闲娱乐需求。二是发展现代农业。如发展有机、生态、绿色农业和景观林业，提高农业的产出率和经济效益。

三、三位一体：美丽乡村建设黄陂模式的驱动力

（一）政府引领的驱动力

农民的视野具有一定的局限性，对于长远利益缺乏洞察力，过于注重眼前利益。农民的局限性决定了在美丽乡村建设中政府要起引领作用，指引方向。美丽乡村建设黄陂模式形成过程中政府的作用贯穿全局。第一，在发展"美丽经济"过程中，政府明确建设和扶持重点，严格管理项目的申报、审定和考核，严格落实奖补政策，落实责任分工。同时政府也提出了建设标准和要求，如美丽乡村要达到湖北省绿色示范村建设标准，在村庄绿化覆盖率、农户庭院绿化、道路沟渠绿化、公共绿地等方面要达到要求，这就使美丽乡村建设有明确的目标，有标准可依。第二，美丽乡村建设资金有很大一部分来自政府财政补贴或者奖补资金，政府资金是美丽乡村建设的重要资金支撑。第三，政府推动农民建设美丽乡村，扮演了组织者和动员者的角色。第四，政府通过招商引资，将第三方和市场资源引入美丽乡村建设过程中，起到了沟通和协调的作用。政府通过城乡统筹发展等方式，在组织发动、规划引领、部门协调、财政引导上，推动更多的资源流向农村，推进美丽乡村的深入建设。

（二）农民主体的驱动力

农民在美丽乡村建设中发挥着至关重要的主体作用，他们是建设者、

支持者和宣传者。第一，农民是美丽乡村建设的主体。在美丽乡村建设过程中，需要征询农民意见，如流转土地的经营权和承包权。同时，在基础设施等美丽乡村建设工程中农民是主要的劳动力。第二，农民是美丽乡村建设的支持者。在回收的 47 份有效问卷中超过 90% 的村民支持美丽乡村建设。美丽乡村的建设关乎多方利益，不可能由政府包办，村民将自己的意见反映给政府，配合政府工作，有利于推进美丽乡村建设。第三，农民是美丽乡村建设的宣传者。网络时代信息更新速度快、更新量大，单靠政府和企业宣传，宣传力度远远不够，村民通过口耳相传、人际传播等多种形式有利于将家乡美景宣传出去；另外，美丽乡村建设示范村和创建村村民得到实惠后，其示范效应又会带动其他乡村的美丽乡村建设，推动美丽乡村建设从点到面全面铺开。只有充分挖掘与激活农民和民间团体的创造力、积极性，增强集体行动能力，才能实现美丽乡村的可持续发展。

（三）企业参与的驱动力

美丽乡村建设的工程繁多，资金需求量大，项目资金完全由政府提供是不现实的。黄陂在美丽乡村建设过程中需要招商引资，引进第三方的建设资金。调查发现黄陂区美丽乡村的建设资金主要来源不是政府，而是企业。不管是先发展旅游，再利用美丽乡村建设进一步提高旅游业发展的胜天村和门楼村，还是先进行美丽乡村建设后发展旅游的杜堂村，其建设资金都少不了企业的投入。在美丽乡村建设的中后期，企业更是在谋划全局、建设发展上超过了政府的作用。企业参与的过程中不仅带来了资本投入，也传递了市场信息。企业资本的流动代表了社会资本的流动，折射了资本对乡村生态环境等生产要素的重视。农民也可以根据社会资本流动的市场信息，调整生产方式和经营方式，自发融入美丽乡村的建设发展中。

四、路径研讨：加强美丽乡村建设的若干思考

黄陂模式实质上是利用本地生态资源优势，以美丽乡村建设为契机，发展乡村旅游和现代农业，做大做强"美丽经济"，以实现"生态美""生产美"和"生活美"的多赢模式。鉴于黄陂模式和国内多地的实践和探索，

现阶段加强美丽乡村建设的关键是实现四个结合。

（一）乡村建设与现实条件的结合

美丽乡村建设黄陂模式的实践，离不开其独有的现实条件。如武汉市作为美丽乡村建设重点给予的财力支持，良好的生态环境，位居特大城市郊区背靠庞大的乡村旅游客源市场等。就其发展生态农业和绿色农业而言，也离不开独特的自然环境，即优质的土壤、清洁的空气以及洁净的水源。近年来，各地美丽乡村建设中一窝蜂式提出了乡村旅游的目标，而罔顾其交通、环境和客源条件。美丽乡村建设应与本地经济发展程度、财政支持力度、区位、生态环境、民俗风情等现实条件相结合，因地制宜，百花齐放，模式多样。没有条件搞旅游产业的，可以从其他方向寻找出路。如能实现村容整洁和生态保护的环境美，也算是改善了农民的生活环境，实现了美丽乡村建设的初步目标。如笔者观察到湖北省五峰县大山深处的美丽乡村建设，重点应该是生态森林和植被的保护。又如广西美丽乡村建设的亮点是"美丽广西，清洁乡村"，各级领导重点支持和指导农村的村容整洁，如垃圾和污水的集中处理，引导农民的卫生习惯。

（二）政府支持与社会参与的结合

政府是百姓利益的捍卫者，在美丽乡村建设中政府最为关注的是社会效益，如能否让农民感到幸福、能否实现经济可持续发展、能否保护好生态环境；而企业是逐利者，从本质上讲关注的是经济效益。两者性质不同、追求目标不同，必然导致一些矛盾。在黄陂区美丽乡村建设过程中，政府管理过多或者过少都会影响建设效果；管理过多，借助的是企业资金，企业积极性不高，影响产业发展；管理过少，企业利益与村民利益容易冲突，造成企业和村民关系的失衡。所以政府支持和社会参与要协调统一，一方面，积极引进社会资本，鼓励企业参与，利用市场合理配置资源，传递需求信息，减轻财政压力；另一方面，政府要发挥监督和指引的作用，充当好农民和企业之间的协调者，监督企业行为，也鼓励企业有所作为。政府支持和社会参与都是美丽乡村建设不可或缺的部分，二者需相互协调，找到利益的均衡点，合力于美丽乡村建设。

（三）生态美丽与生产发展的结合

美丽乡村既包括村容整洁之美，也包括生活富裕之美、生产发展之美。不能为了环境美丽，而将所有的资源去整治村容，整修路面，做面子工程，而忽视了生产发展，"仓廪实而知礼节"，只有生产发展才能维持可持续的生态美丽。也不能为了生产发展，而忽视环境保护。过去，西方国家走了一条先污染后治理的道路，花了巨大的代价。现在我国环境的持续恶化，如雾霾的挥之不去、农业面源污染危及水生态安全等，似乎又在重复西方国家的老路。美丽乡村的建设要建立在不损害乃至改进原有的资源和环境的条件下才有意义，实现真正的"美丽经济"。现阶段，与我国政府力推的转型升级、绿色发展相适应，农业发展也要走转型升级、绿色发展之路，从传统农业走向以生态农业、规模农业和乡村旅游服务业为代表的现代农业，实现生态美丽与生产发展的结合。杜堂村美丽乡村建设中的农业结构调整，已经体现了生态美丽与生产发展相结合的方向。

（四）美丽乡村与村民幸福的结合

美丽乡村建设的主体是农民，目标是提升农民的幸福感，离开这个目标的美丽乡村建设是偏离航向的建设。调查中发现农民普遍存在担忧的心理。在美丽乡村建设之前，农民收入不高，但是依靠农业种植，基本上温饱是不愁的。但由于美丽乡村建设，流转了土地，而旅游业带来的经济效益还未显现，农民心里无所依靠。美丽乡村的建设固然从长远上看有利于农村发展，但是在建设过程中要注意农民的感受，取得农民的支持。美丽乡村建设使农民在两个层次上受益。第一个层次是村容整洁，农村生态环境好转，有利于农民的身心健康，也满足了农民的对生态美的精神需求。这个层次性质上是具有强烈正外部性的公共服务，有赖于政府的财力支持。第二个层次是农业结构调整，有利于在生产发展中提高农民的收入，如高附加值农产品的收入、乡村旅游收入、农民土地流转参股经营收入、农民就地务工收入等，满足了农民对生活美的物质需求。这个层次更多是产业调整和市场行为，但也需要政府的引导和协调。满足了对生态美的精神需求和对生活美的物质需求，无疑可以实现美丽乡村建设中的村民幸福。

参考文献

[1] 农业部农村社会事业发展中心新农村建设课题组. 打造中国美丽乡村, 统筹城乡和谐发展——社会主义新农村建设"安吉模式"研究报告[J]. 中国乡镇企业, 2009（10）.

[2] 沈国忠. 六大机制助力湖州美丽乡村建设[J]. 农村工作通讯, 2012（6）.

[3] 孙丽琴. 宁国市美丽和谐乡村建设的实践特色与启示[J]. 芜湖职业技术学院学报, 2011（4）.

[4] 赖瑞洪. "四级联创"开辟美丽乡村新天地——浙江省衢州市启动实施美丽乡村创建有效模式[J]. 农村工作通讯, 2012（2）.

[5] 《农民日报》编辑部. 共筑中华民族的美丽乡村——七论三农中国梦[N]. 农民日报, 2013 - 05 - 27.

[6] 黄克亮, 罗丽云. 以生态文明理念推进美丽乡村建设[J]. 探求, 2013（3）.

[7] 于法稳. 当前美丽乡村建设几个突出问题[J]. 人民论坛, 2014（7）.

[8] 苏宏流. "美丽广西·清洁乡村"的南丹模式[J]. 广西城镇建设, 2014（4）.

大气污染治理中政府间合作机制研究

◎孙 梦

中南财经政法大学公共管理学院，湖北武汉，430073

摘 要：日益严重的大气污染和不断恶化的区域环境质量给我国的经济发展、公众的健康和生活质量都带来了极大的负面影响。大气污染属于区域性环境污染问题，其治理离不开区域内政府间的合作。构建大气污染治理的政府间合作机制对于区域治理和城市的可持续发展具有重要的意义。本文基于大气污染的特征和"公用地悲剧"理论对大气污染治理中政府间合作的现状进行分析，研究发现我国大气污染治理中存在法律法规不完善、缺乏协调机构和利益补偿机制不完善等问题，并提出完善相关法律法规，设立统领全局的协调机构，健全利益补偿机制等措施以构建有效的政府间合作机制。

关键词：大气污染 治理 政府间合作

一、问题的提出

近几年频繁且日益严重的雾霾现象表明我国的大气污染日趋严峻，区域的环境质量不断恶化，这也给国家的经济发展，公众的健康和生活质量带来了极大的负面影响。北京、上海等特大城市和周边城市群以及各省会城市的大气污染状况不断恶化，并呈现出显著的区域性大气污染的特征。由于大气污染的动态性、高度渗透性以及不可分割性，单个城市根本无法凭借自己的力量解决大气污染的问题，因此，面对大气污染，各地政府间必须加强合作，携手治理。

面对严峻的大气污染形势和民众的强烈呼声，党和国家高度重视大气污染的防治以及区域合作防治，并相继出台了一系列相关法律法规和计划措施。国务院总理李克强于 2013 年 6 月 14 日主持召开国务院常务会议，部署了大气污染防治十条措施，明确提出要建立环渤海包括京津冀、长三角、珠三角等区域联防联控机制。2013 年 9 月 10 日，国务院印发了《大气污染防治行动计划》，提出要坚持属地管理与区域联动相结合，建立区域协作机制，统筹区域环境管理。2015 年 8 月 29 日修订通过的《中华人民共和国大气污染防治法》被称为"史上最严"的大气污染防治法，它对重点区域大气污染的联防联治作了具体的规定和说明，要求重点区域内各地方政府应当确定牵头的地方人民政府，定期召开联席会议，开展大气污染联合防治，落实大气污染防治目标责任。但区域大气污染联防联治的长效机制还未真正建立起来，大气污染问题依然十分严峻。因此，分析政府协同治理大气污染的困境，从而构建大气污染治理的政府间合作机制是本文所试图研究的重点内容。

二、大气污染治理中政府合作的理论基础

（一）概念界定

第一，治理。"治理"源于新公共管理，是相对于传统的管理而言的，是补充政府失灵和市场失灵一种社会管理方式，它强调公共机构与私人机构的合作和政治国家与公民社会的合作。关于"治理"的概念，俞可平教授将其界定为："治理一词的基本含义是指在一个既定的范围内运用权威维持秩序，满足公众的需要。治理的目的是在各种不同的制度关系中运用权力去引导、控制和规范公民的各种活动，以最大限度地增进公共利益"[1]。这一概念强调政府的激励政策的作用和政府与企业、政府与社会及地方政

府与地方政府之间的良好关系的建立。而任维德教授将"治理"内涵界定为"治理是以政府为主体、多种公私机构并存的新型社会公共事务管理模式，是建立在市场原则、公共利益和相互认同基础之上的国家与公民社会、政府与非政府组织、公共机构与私人机构的合作，政府在管理社会公共事务方面可以而且应当将其一部分职能转交给公民社会，而且应当拥有多种管理手段与方法，以增进和实现公共利益"。[2] 其重点在于在公共领域引入市场机制，建立开放、平等和自由的公共秩序。总之，治理的主体是多元化的，治理的权力是多向度的，治理的手段也更多样化。治理理论强调相互合作的平等伙伴关系和相互信任的合作态度，这正是政府治理大气污染所需要的。

第二，政府间合作机制。地方政府间的关系主要包括纵向关系和横向关系，而横向关系又分为平行关系和斜交关系，[3] 本文所研究的政府间合作属于横向平行关系，即同级地方政府之间的合作。随着越来越多的区域公共问题的出现，政府间积极的合作关系已经成为主流。政府间正式的合作关系的建立主要有四种途径：中央政府策划、相邻的地方共同处理同一问题、就某一领域签署合作协议、组建合作组织。政府间合作关系的建立与否取决于经济利益，其本质在于利益的共享。本文所研究的政府合作机制，就是指各地方政府在中央政府良好政策引导下和有效机制的约束下，平等交流，相互信任，对大气污染的治理及整体利益达成共识，运用公共权力、组织制度，合作治理大气污染，从而实现可持续的共赢和发展。

（二）理论解析

第一，外部性。外部性是经济主体的经济活动对他人和社会造成的非市场化的影响，即市场交易双方只获得部分收益或承担部分成本，有一部分收益或成本由第三方获得或承担，包括正外部性和负外部性两方面。大气污染具有动态性、不可分割性以及高度渗透性等特点，受气候条件和天气状况的影响，大气污染的区域会随着风向、风力的改变而移动，它超越了传统的行政区划边界，呈现出无界化的特点。因此，面对大气污染，区域内的各地方自然成为相互依存的命运共同体。大气污染具有明显的外部性，某一地区由于人为原因造成的突发的或是慢性的大气污染，在发生地没有得到根本的治理与解决，那么在大气污染动态性、高度渗透性和不可分割性的影响下，就会不断扩散影响到其他区域并造成损害。

第二，"公用地悲剧"理论。"公用地悲剧"由生物学家加勒特·哈丁在 1968 年提出，他设想在完全开放的牧场，每个理性的牧羊人都从自己的羊群中获得直接的利益，而由于过度放牧而导致公用地退化所造成的损失则由所有人来共同承担，这样就促使每个牧羊人都不断增加自己羊群的数量以获得更多的利益，最终导致牧场无法承载而荒废。其本质是当每个经济人都按自己认为有利的方式处置公共资源时，"公用地悲剧"就会发生。"公用地悲剧"如今已是描述环境和资源问题的主要理论。在公共的环境中，各个地方政府及企业为了自身经济的发展，把污染物排放到公共环境中，成为优先选择将治理污染的成本外部化，从而实现利益最大化。解决外部性的根本方法就是将外部效应内部化。因此，面对大气污染问题，跨区域的政府合作机制是解决污染问题的必要条件。大气污染的治理需要构建相关机制和制度对各地方政府形成约束，使各地方政府在约束下达成合作，从而集体行动减少环境污染并最大限度地保护环境，创造出良好的环境和经济效益。

三、大气污染治理中我国政府间合作的现状

自 2012 年 11 月党的十八大作出"大力推进生态文明建设"的战略决策，生态文明建设和环境保护越来越得到重视，政府间在环境保护方面的合作也取得了一定的成效。随着雾霾天气的不断增多和恶化，我国各地各级政府积极合作，共同治理大气污染，其合作的现状主要表现在以下三个方面。

（一）以运动式治理为主

大气污染治理中政府间的合作表现为一种运动式的特点。目前我国大气污染治理较为成功的情况主要是为应对某些大型活动或是突发事件。这是因为：一方面，为应对某些大型活动，上级政府或相关部门就会部署相

关环境保护与治理的协作行动，这些行动往往都是临时性的、短期的、成效显著的行动；另一方面，由于资源有限，在环境污染或破坏没有积累到一定程度并爆发危机的时候，相关政府和部门一般不会采取行动，通常是环境污染事件或危机爆发后，相关政府及上级政府才开始行动，集中投入大量的人力物力展开"运动式、风暴式"的治理。一般情况下运动式合作治理过后，又会重新回到之前的状态，疏于治理。不可否认的是，运动式治理的确可以取得立竿见影的效果，但是其效果持久性极差。因此，大气污染问题不能通过一次性的合作就彻底解决，空气质量和环境质量的改善还有赖于长效机制的建立，必须使地方政府间的环境保护行动和合作成为一种治理常态。

（二）具有明显的行政色彩

我国大气污染治理具有明显的行政色彩及时间特性。2014 年，为保障 APEC 会议期间的空气质量，京津冀区域采取了一系列非常规措施治理雾霾，包括实施应急减排措施、处理相关责任人、机动车限行与管控、燃煤和工业企业停限产、工地停工以及调休放假等，这一系列措施使得北京 APEC 会议期间的空气质量达到良好水平，2014 年 11 月 3 日上午 8 时，北京市城六区的空气质量甚至接近一级优水平。但是 APEC 会议结束后，北京的雾霾卷土重来，"APEC 蓝"不复存在。每次重大地方活动期间，国家环境保护部都会出面协调相关地方的环境保护措施，形成联动，确保在活动举办期间区域的环境保护措施切实落到实处。但是活动结束后各地方的合作就会逐渐断裂，大气污染就卷土重来，具有明显的时间性。行政手段和时间性的合作治理无法真正解决大气污染的问题，实现大气污染区域的联防联控的常态化，建立大气污染治理的长效合作机制才是真正的解决办法。

（三）协作机制逐渐建立

随着环境污染事态的恶化以及党和国家对生态文明建设的重视，我国逐渐建立了相关的协调机构和协作机制，相继成立了长三角地区环境保护合作联席会议、粤港持续发展与环保合作小组等。在地方政府合作治理环境污染的过程中，立足实践，不断探索，建立并完善了信息通报制度，联合应急处理制度，责任追究制度等，进一步深化地方政府间合作治理跨区域环境污染的协作机制。《中华人民共和国环境保护法》中第十五条、第十六条明确规定："跨行政区的环境污染和环境破坏的防治工作，由有关地方人民政府协商解决，或者由上级人民政府协调解决，作出决定。地方各级人民政府，应当对本辖区的环境质量负责，采取措施改善环境质量。"[4]

四、大气污染治理中政府间合作存在的问题

（一）相关法律法规不完善，缺少法律依据

目前我国大气污染治理中政府间的合作缺乏法制的保障。虽然我国重新修订了《环境保护法》，出台了《大气污染防治法》等相关的法律法规，但是对于政府间合作的内容却没有作出具体规定，只是提出政府间的联防联控以及它们在区域治理中的角色。虽然《大气污染防治计划》明确提出建立协作机制，但是它缺少法律所具有强制性和稳定性，更多的是一种软约束。我国污染问题治理中政府间的合作以会议、集体磋商的非制度性形式为主，很少通过法规或规章的形式确定下来，政府合作的制度化程度低，从而导致政府间的合作治理缺乏刚性和法律效力，往往不具有稳定性。

（二）缺乏能够统领全局，有效协调的机构

我国缺乏环境方面专门行使协调职能，并且级别较高的专门机构，1998年国家机构改革中撤销了承担协调职能的国务院环境保护委员会，该委员会的协调职能转由国家环保总局，即现在的环境保护部行使。但是，我国的《环境保护法》并没有明确法定其为协调机构，因此环保部不是一个具有权威的法定协调机构，在实际工作中也没有权力去行使协调职能。虽然目前我国建立了几个河流流域管理委员会，但委员会的委员中既没有流域内各地方政府的代表，也没有流域管理协议和清晰的协调机制，流域管理机构对地区之间的资源环境矛盾难以协调，而在大气污染治理方面，相关的委员会依然没有建立。

（三）政府间的利益补偿机制不完善，各地方缺乏积极性

政府间关系的本质就是政府间利益关系，政府间合作关系的建立与发

展与否取决于政府间的经济利益，在大气污染治理中，政府之间存在着很多的利益冲突，包括污染源与受害区的冲突，投入与收益的冲突。因此，协调好政府间的利益关系对于合作治理大气污染至关重要。目前我国的流域生态补偿机制不断建立和完善，但是针对大气污染的利益补偿机制却还未建立。由于缺乏政府间的利益补偿机制，导致各个地方在大气污染治理中缺乏积极性和主动性。

五、大气污染治理中完善政府间合作的制度设计

（一）完善政府间合作的法制规范

目前我国政府间合作治理大气污染缺乏法律的硬性规范，因此，需要完善政府间合作的法制规范。通过立法明确大气污染治理中各地方、各主体的法律关系，要在国家法律法规层面对政府间合作的组织和内容作出规定，并在环境法律法规中完善环境合作的内容。通过立法促进大气污染联防联控和协调机制的建立，通过制度设计消除地方保护主义，保障各地方政府合作关系的健康发展。要对合作中各主体的地位、职能和责任以及各主体间相互协调、配合和监督程序作出规定，还要对协调机构的法律地位、机构组成及管理职能各部门的等作出相应的法律规定。在合作治理大气污染的过程中，必须要有制度性的合作规则以保证区域合作的顺利进行，既要有激励性的规则，激励那些合作关系中遵守规则者的合法有益行为，同时也要有惩戒性规则，对"搭便车"者进行惩罚，起到威慑的作用。

（二）建立专门的大气污染协同治理协调机构

目前我国缺乏专门行使协调职能，且级别较高的专门机构，污染物的流动性和行政上的划分也给污染治理造成了极大的障碍。因此，国家要建立区域性的跨行政区的协调机构进行管理，打破环境治理中的行政分割。如建立综合性的大气污染治理委员会，该委员会的委员要包括环境保护的国家相关部门，同时也要包括区域内各地方政府的代表，委员会承担举行会议或论坛、制订环境计划或规章、签署双边或多边协议、调解或仲裁冲突以及发布环境信息等职能。[5]

（三）健全大气污染治理中省际政府间的利益补偿机制，推动联防联控

政府间关系的本质就是政府间利益关系，政府间合作关系的建立与发展与否取决于政府间的经济利益。因此，协调好政府间的利益关系对于合作治理大气污染至关重要。建立利益补偿机制首先要提高创新空气质量检测的技术水平，对区域内大气污染的排放数量、分布状况、时空变化、传输强度以及扩散规律等明确记录，从而有效且明确地规范责任，使相关地方政府分工并负责，减少政府机构间的争议。[6] 同时，中央政府要发挥好对地方政府间利益冲突的协调作用，规范地方政府行为，平衡地方政府间的利益关系，推动联防联控机制的完善。

参考文献

［1］俞可平．治理与善治［M］．北京：社会科学文献出版社，2000．

［2］任维德．公共治理：内涵 基础 途径［J］．内蒙古大学学报人文社会科学版，2004（1）．

［3］林尚立．国内政府间关系［M］．杭州：浙江人民出版社，1998：2．

［4］中华人民共和国环境保护法，2014 年 4 月 24 日修订。

［5］王玉明、刘湘云．美国环境治理中的政府协作及其借鉴［J］．经济论坛，2015（5）．

［6］姜丙毅、庞雨晴．雾霾治理的政府间合作机制研究［J］．学术探索，2014（7）．

雾霾治理中的地方政府间合作机制构建研究

◎罗慧琳

中南财经政法大学公共管理学院，湖北武汉，430073

　　摘　要：2013 年，空气污染在我国大范围爆发，雾霾波及 25 个省份、100 多个大中型城市，安徽、湖南、湖北、浙江、江苏等 13 地雾霾天数创下历史纪录，全国平均雾霾天数达 29.9 天，创 52 年来之最。因雾霾形成因素的复杂性、传播范围的广泛性和信息收集渠道的区域性，针对这种灾害性天气的治理必须由地方政府间合作完成。我国有丰富的跨区域合作治理环境污染的经验，具体时间出台的大气污染防治条例将区域间联防联控机制作为单独一条措施列出。但目前我国雾霾治理中的地方政府间合作机制还存在一些问题，如协调管理机构的缺失、中央政府职能缺位、法律体系不完善、社会监督不够充分和政府职能定位不清晰等。要构建一个合理有效的地方政府间合作机制就必须成立专门的协调管理机构、加强中央政府的促进和监督、完善法律体系、充分发挥社会监督的功能并促进政府职能转变。

　　关键词：雾霾治理　地方政府　府际合作

一、引言

雾霾是一定气候环境与人类各种活动相互作用的结果。随着城市人口的聚集，大城市的优势越来越明显，也吸引了大量人口的涌入，北京、上海等地几千万的常住人口数量已经远远超过一个城市可以容纳的最大限度。如此高密度的人口的经济、社会生活必然会产生大量细颗粒物，一旦颗粒物的排放超过大气循环能力和承载度，再加上气候因素影响，就容易出现大规模雾霾。空气污染与水体流域污染类似，江河大多流经多个省市，而雾霾也伴随空气四处流动，所以雾霾需要区域内的政府共同治理。

2013年6月，国务院在密切关注雾霾治理情况和充分分析实际条件的基础上，出台了《大气污染防治行动计划》，也就是通常所说的空气污染防治"国十条"，并将"建立环渤海包括京津冀、长三角、珠三角等区域联防联控机制"作为单独一条措施提出，更加明确了地方政府的合作在我国雾霾治理工作中的重要性。区域联动治理雾霾势在必行，目前的问题则是缺少与之相适应的地方政府间合作机制。过去水污染治理的经验可以借鉴，但由于其本身是存在缺陷的，而且空气污染的治理涉及范围更加广泛、难度更高，因此应该在反思和总结经验教训的基础上针对雾霾治理来构建地方政府间合作机制。

由于经济和社会发展的程度较高，国外跨级或跨区域的政府间合作开始得较早，早期开展政府间的合作主要是为了合理利用资源、促进经济的发展。赫克歇尔—俄林提出的要素禀赋这一概念，是指由于不同国家之间存在要素禀赋的差异，导致了要素价格也有了一定的差别，而国际贸易则可以通过资源的互补共享来进一步促进两国收益的增加。[1]唐亚林认为，国家权力的纵向配置模式对政府间的合作有一定影响，是在联邦制国家中，由于各州的政府拥有较大的自主权，联邦宪法以及州宪法有力地推进了各种跨级跨区域政府之间的合作，而这种跨级或跨区域的政府之间的协作是基于一个共识，即各个政府均可在合作中获得某些利益。[2]

随着公共管理理论的延伸和发展，20世纪90年代各国开始进行政府再造运动、建立地方政府间伙伴关系。由此产生的府际管理理论为地方政府间合作研究提供了更加充分的理论依据。府际管理（Inter Governmental Management，IGM）定义为协调与管理政府间关系提供了一种新型管理方式，随着政府权力范围的扩大和公共事务的增加，政府部门的职责并不仅仅局限于行政区域内，而是扩展到公共服务以及经济领域等社会各个层面。因此，各级政府为了实现公共政策目标和治理任务，通过磋商、谈判和合作等方式寻求资源和信息的共享。[3]

二、地方政府间合作治理雾霾的必要性与可行性

（一）必要性

雾霾形成因素的复杂性、传播范围的广泛性和公共管理中信息传递的区域性使地方政府间合作治理雾霾十分必要。雾霾天气的形成原因非常复杂，既有气候因素，如温度、湿度、风向等；也有人为因素，如汽车尾气、工业生产、冬季供暖烧煤、工地施工等，甚至居民正常生活中产生的气体都会使空气中的悬浮颗粒物增加，进而导致雾霾天气的形成。这种灾害性天气伴随空气扩散，任何一个地区都不可能独善其身。起初，中国的雾霾天气大多出现在北方城市，不久之后，雾霾就开始在全国范围内蔓延。2013年，雾霾波及 25 个省份、100 多个大中型城市，安徽、湖南、湖北、浙江、江苏等 13 地雾霾天数创下历史纪录，全国平均雾霾天数达 29.9 天，创 52 年来之最。[4]

然而从各种信息收集、传播的角度来说，各个地方政府的辖区都是相对独立的。每个城市都有独立的环境污染监控体系，有直接由当地政府领导或中央直属并出地方政府共同管理的多个与雾霾治理相关的部门，如环境保护部、财政部、科技部、工业和信息化部、交通运输部、住房城乡建设部、能源局、商务部等。这些机构掌握着最新最准确的信息，但往往局限于政府机构内部，以有上下级机构的交流、汇报，且一些有效的治理技术、方法手段、工作经验等，也很少会有地方政府间主动进行的交流，而这些信息资源的共享会在很大程度上降低地方政府雾霾治理成本。

（二）可行性

地方政府的区域经济合作发展迅速。长三角、环渤海、泛珠江三大经济圈都充分显示出府际区域合作的优势。随着区域经济协作的高速发展以及各级政府对保护生态环境的意识的增强，环境保护方面也日益成为地方政府间合作的一个重要组成部分。21世纪初，区域环境污染治理中的地方政府合作机制已初步形成，但当时只是一些简单的尝试，大多为象征性的意义。经过几年的发展，开始有更多学者关注环境保护和污染治理方面，地方政府间合作的研究其存在的问题及对策，对合作机制的完善起到了促进作用。

2007年10月，由山东、河南、山西、陕西、内蒙古、宁夏、甘肃、青海、新疆9省（区）及新疆生产建设兵团和黄河水利委员会组成的黄河流域9省（区）11方代表共同召开了黄河经济协作区第20次工作会议。自2012年起，我国的环境保护部开始对全国74个城市的PM2.5进行监测并实时向上呈报，这为全国空气质量统一监测和监测结果统一发布奠定了基础。2013年6月，国务院在密切关注雾霾治理情况和充分分析实际条件的基础上，出台了《大气污染防治行动计划》，也就是通常所说的空气污染防治"国十条"，将"建立环渤海包括京津冀、长三角、珠三角等区域联防联控机制"独立作为一条提出，更加明确了地方政府的合作在我国雾霾治理工作中的重要性。

三、地方政府间合作机制存在的缺陷

我国现行地方政府间合作机制还存在协调管理机构的缺失、中央政府监督管理职能缺位、法律制度不完善、政府职能定位不够清晰等问题，导致合作机制运行不稳定、效率较低，这些问题的解决是完善雾霾治理中的地方政府间合作机制构建的关键环节。

（一）地方政府合作中协调管理机构的缺失使合作缺乏稳定性和高效率

目前地方政府间的合作通常是由地方领导人出面对话形成的，却无法为其提供法律上的保障，一旦地方领导职务变动就很有可能导致合作项目无法继续。即使存在地方政府间合作联席会议，会议共同制定环境保护政策和各种污染排放标准、治理措施，都需要一个具体的实施载体，而且多个地方的政府部门之间要横向沟通，各个地方政府的不同部门也可能需要互相配合完成任务，其中的协调工作量可想而知。没有一个专门的协调管理机构负责，会为地方政府间合作增加很多不便。

（二）中央政府监督管理职能缺位使得地方政府间合作治理雾霾缺乏激励和监督

在目前的行政管理体制中，上级机构仍是最有力的监督者。尽管党的十八大提出"五位一体"统筹发展，并一再强调不可以牺牲生态环境为代价发展经济，但我国作为一个发展中国家，经济建设仍是中心。地方政府间的合作会出现需要其中一个地方政府短暂牺牲自身的经济利益来谋求共同的长期利益的情况，如调整产业布局、转移污染严重的企业。而中央政府考核地方政府的工作绩效通常运用短期经济指标，这就诱发地方政府追求短期利益以求政绩，使得地方官员不愿作出牺牲，若合作各方都只愿做对本地有益的工作，合作很难达到应有的效果。此外，地方政府间合作涉及的很多问题必须寻求上级政府的解决，例如，如何对财政支出与收益进行合理的划分，地方政府基于理性作出的选择，必然寻求自身管辖区域内的利益最大化，或治理成本最小化。

（三）相关法律制度的不完善成为限制地方政府间合作治理雾霾的重要因素

要建立法治国家、实现依法治国，首先要有法可依。而过去我国大部分地方政府间合作治理都是针对水污染，缺少对空气污染方面的法律法规，而 2008 年 2 月 28 日通过的《中华人民共和国水污染防治法》在第十五条规定"防治水污染应当按流域或者按区域进行统一规划。① 这仅为原则性的规定，尚不具有可操作性。一方面，相关法律制度不完善，体现在：合作过程中遇

---

① 《中华人民共和国水污染防治法》第十五条。

到纠纷，地方政府依旧无法通过法律途径来解决；另一方面，没有具体的法律法规来规范地方政府的行为。2011年1月国务院办公厅转发环保部等9部门《关于推进大气污染联防联控工作改善区域空气质量的指导意见》，虽然这一指导意见更加具体、有操作性，从一定程度上弥补了过去立法的不足，但依旧属于行政指导行为，而不是法律法规，也不具有法律强制执行效力。

（四）政府职能定位不够清晰，没有充分发挥市场机制在雾霾治理中的作用

雾霾治理涉及多个领域，政府拥有行政权力可以集中大量资源进行再分配，但也做不到面面俱到。这时需要市场机制在提高效率降低成本方面发挥重要作用。然而市场主体与政府机构不同，不能一味地用行政手段进行管理，而我国政府正处于职能转变过程中，管理手段也处于改革期，因此对于地方政府来说启用市场机制并不难，难的是如何监管。此外，地方合作中的评估和监督工作可以交给更加专业、客观且高效的社会组织来做，然而我国社会组织的发育不完善及其监管机制还不够成熟，无法独立承担重任。

四、雾霾治理中地方政府间合作机制构建

（一）设立专门的协调管理机构

这里说的协调管理机构可以分成两类：一类是中央或省政府设置的区域性机构，主要负责调解地方政府间的矛盾并对地方政府行为进行监管。这类权威机构的职能主要有三个方面：一是依照政策和法律法规来协调各个政府间的关系；二是确定区域合作治理雾霾的工作重点和方向；三是作为信息的传递者，既向地方政府传达中央政府的决策和精神，也向中央反映地方政府在实际工作中取得的成绩和遇到的问题。例如，我国的环境保护部在东北、华东、华南、西北、西南5个地区都设有环境保护督察中心，是国家环境保护部的直属机构，不受地方政府的管辖。督查中心最主要的职能是调解跨区域和流域的重大环境纠纷，监督跨区域环境污染的治理。另外，长江、黄河、珠江、松花江、淮河、海河及辽河七大水系分别设立

了对应流域的管理机构，负责流域的环境治理管理工作，协调流域内地方政府之间的合作。雾霾也是典型的跨区域环境污染问题，由于我国在此之前并没有太多空气污染治理经验，因此可以借鉴对江河污染的治理经验，并在实践过程中不断完善。

另一类是地方政府间形成的区域性协调组织。地方政府为了改善地方政府间合作的不稳定性，解决雾霾治理涉及部门太多导致的协调困境，并避免合作中"临时性"因素过多，在各地方政府领导人达成协议后，将雾霾治理交由一个专门的机构来管理，该机构主要负责详细计划的制订，组织各类会议、与本政府的各个部门和各合作政府进行协调、整合资源，对计划或工程实施进行监督等。机构的设立可以根据各地的需要，如设立专门的部门或者是在现有的部门中成立专门负责地方政府合作建设的团队。由于工作性质特殊，新的协调机构需要获得较高级别的行政权力，可以考虑由与雾霾治理密切相关的各部门和地方政府领导人共同管理。除此之外，还可以进行组织体系的创新，合理借鉴国外跨区域治理的成功经验。例如，进行跨区域管理权的尝试，借鉴美国的一种称为"境外管理权"的跨区域公共事务管理方法，地方政府可以将其一些行政管辖权力延伸至辖区以外的其他地区。在我国，可以通过法律法规授予地方政府在环境治理中运用跨区域管理权。

（二）定期召开区域地方政府间合作联席会议

地方政府间共同制定政策、行动计划和各种污染排放标准等活动主要还是以会议的形式进行。参考其他区域合作组织或地方政府合作案例，可以对地方政府合作联席会议进行简单的设计。会议体系主要分成五个层次：第一层次为各地方政府行政首长会议，每年至少召开一次；第二层次为参与雾霾治理的部门负责人会议，每年至少召开一次；第三层次为常设代表委员会，主要负责处理雾霾治理合作的日常事务；第四层次为各专门委员会和工作组，负责雾霾治理具体领域的工作；第五层次为执行委员会，主要负责具体合作事项的运行状况负责调查、监督和执行。在这个区域地方政府间合作联席会议体系中，首先由常设代表会规划合作项目，然后部门负责人召开会议讨论并从中挑选可行的方案之后向行政首长汇报，最后由各省人大投票通过，以便进入实施阶段。各专门委员会和工作组主要对常设委员会提出的专业性问题和具体项目进行评价和分析其可行性。执行委员会的主要职能为行政监督，对不承担规定义务的合作成员通过一定方式敦促其尽快履行。[5]

（三）成立工作小组明确分工

雾霾治理涉及多个部门，仅在一个城市内都会出现权责不对等、责任划分不清晰导致互相推诿的情况。而地方政府间合作涉及多个行政区域的多个部门，问题更加复杂，因此合作机制要保证分工明确，列出详细的"权力清单"。结合国内外经济和环境保护区域合作的经验和雾霾治理的实际需求，合作机制中各地方政府部门可以以成立工作小组的形式落实合作中的雾霾治理职能，如空气质量监测小组、信息发布小组、科技创新小组、交通运输管理小组、能源开发与利用小组等，负责协调跨区域的雾霾治理活动、执行治理任务。相关部门的领导人要作为小组负责人参加工作会议，制订共同行动计划。

（四）地方政府间合作机制的配套措施

1. 激励机制

中央政府应合理地制定绩效评估标准，树立科学的政绩观。尽管从国情的角度出发依旧应以经济建设为中心，但必须摒弃经济挂帅的做法，建立一套科学、规范、可量化的绩效考评制度。首先，要将全面、协调、可持续发展作为标准之一列入考评制度，尤其注重引入绿色环保的考核指标，确立和强化地方政府正确的发展观，加强其对环境保护工作的重视，使得地方政府主动采取措施积极寻求合作应对雾霾。其次，绩效评估的范围要不断地扩大，立足于区域内的公共利益而不仅仅是各地方政府辖区内的经济利益，促使地方政府官员随时关注与本地区相关的区域公共事务，与区域内其他政府保持良好的互动和信息交流，尝试为共同治理区域环境问题建立科学的合作制度。最后，为了更好地避免地方政府及行政官员在追求政绩时的不规范行为，可以在绩效考核体系中增加负强化，直到该行为不再出现。负强化的内容包括对地方保护主义、以环境污染为代价发展经济、绿色 GNP 指标不符合要求等行为进行对应的处罚，以达杜绝政府官员单纯追求经济发展，使地方政府一些目光短浅的行为得到有效的遏制。

2. 法律体系

完善法律体系的重中之重是出台我国地方政府跨区域合作法，以此规范地方政府在合作中的行为，清晰划分地方政府职责范围，为地方政府间合作保驾护航，让政府间的活动走向法制化的道路。

如何高质量地完善法律体系包括两个方面：一方面是加强法律法规的可操作性，在理论上对问题的定性是必需的，可以起到法律的指导作用，但是实际中真正出现问题，只有具备可操作性的条款才能有效解决；另一方面是尽量具有前瞻性，不能等到问题已经出现再来推动立法。现在地方政府间合作的案例不多，很多问题没有暴露出来，法律条款不完善是可以理解的，很多新兴事物都是问题推动立法，但合理的前瞻性是可以做到的，参考其他国家的法律或者类似的法律条款都可以得到一定收获。

此外，在加强法律建设的同时，也要加强执法力度。地方政府间合作的相关法律针对的是各地方政府，因此很容易在执行时遇到阻力，如何让已经成文的法律不变成一纸空文这是执法部门需要进一步思考的。

3. 充分发挥社会组织的作用

第一，完善社会监督机制。社会监督的主体包括公民、社会团体、媒体等。雾霾严重影响了人们的正常生活、工作和学习，所以社会成员理所应当监督地方政府在雾霾治理中的所作所为。媒体的作用已经有所显现，很多问题都在记者查清情况之后被曝光，但是媒体大部分时候针对的并不是政府部门而是私营企业。在政治的影响范围越来越广泛的今天，媒体在很多情况下是政治统治的工具，由于各种原因不能或不敢曝光政府的不当行为。要落实媒体舆论对地方政府的监督作用就必须保证媒体的相对独立性，实现政府权力的有效制约。

第二，非政府组织应该在地方政府间合作中充分行使协调和评价的职能，弥补政府职能的缺陷。地方政府没有相应的部门及专业人才，造成地方政府间合作项目评估机制的缺失，另外，地方政府间的合作涉及多方利益的博弈，政府部门并不适合评估项目的效益。因此，可以设置一些非政府的区域间协调机构，评估项目在合作各方中的效益分布，同时与政府中的协调机构促进双方或多方政府达成经费分摊的共识。由于目前我国的非政府组织还处在发展阶段，民间的组织对于政府的约束效力也不大，可以暂时由中央政府设立机构负责相关事项，待机构运作走上正轨、发展壮大、有资金来源保证后，再向非政府组织方向转化。

参考文献

［1］普永贵．近年来政府合作问题研究的回顾与展望［J］．云南行政学院学报，2008（2）．

［2］唐亚林．长三角城市政府合作体制反思［J］．探索与争鸣，2005（1）．

［3］汪伟全．论府际管理：兴起及其内容［J］．南京社会科学，2005（9）．

［4］张彬，杨烨，钟源．中国2013平均雾霾天数达29.9天，创52年来之最［D/OL］．http：//js. people. com. cn/html/2013/12/30/278807 _ 3. html 2013 - 12 - 30.

［5］涂妍．资源　区域　协调　南贵昆经济区开发研究［M］．北京：中国经济出版社，2006：224 - 226.

国家治理现代化： 内涵与逻辑

◎宋秀华

中南财经政法大学公共管理学院，湖北武汉，430073

摘　要： 国家治理现代化是改革进入深水区后党中央提出的理论创新，目的是促进国家治理实践的进步。本文主要论述国家治理现代化的内涵和基本逻辑。首先，国家治理能力现代化可以分为两个维度，国家治理体系和国家治理能力，即福山的"国家构建"理论中的国家活动的范围和国家权力的强度；其次，国家治理现代化还分为三个层次，分别是政府、市场和社会，不同的层次具有不同的现实困难和治理目标。改革开放以来，我国的国家治理发生了很多变化。全球治理也成为全球化背景下新的发展趋势，这既为解决全球问题提供了契机和平台，但又不可避免地在治理过程中产生新的冲突。这些国际国内冲突逐渐演变成国家治理中的常量，成为提出国家治理现代化的逻辑起点。

关键词： 国家治理现代化　治理　逻辑

一、问题提出

改革开放30多年来，中国共产党始终把理论创新作为推动中国特色社会主义事业发展的强大动力。中共十八届三中全会将"完善和发展中国特色社会主义制度，推进国家治理体系和治理能力现代化"列为全面深化改革的总目标，并从基本经济制度、民主政治建设、开放型经济新体制、权力运行制约和监督等方面展开了详细阐释。早在 1992 年邓小平同志就提出，再有 30 年的时间，我们才会在各方面形成一整套更加成熟，更加定型的制度。此次推进国家治理体系和治理能力现代化（国家治理现代化）正是在邓小平同志战略思想的基础上，为达成国家制度建设总目标而提出的理论指导。国家治理体系和治理能力现代化这一概念第一次出现在党的全会决定中，既是对改革开放以来的现代化建设成功经验的总结，又是对国家现代化进程出现的各种严峻挑战的回应，也是对未来国家现代化发展方向和前途的指引。

二、国家治理现代化内涵解析

习近平主席对国家治理现代化的解释是对其范围作出了基本概括，其内涵丰富、意义重大，学者们也从不同角度对其加以分析。第一是大部分学者从概念上分析，对治理、国家治理、国家治理现代化等概念进行文献回顾和界定，如应松年对国家治理、管理和统治进行区别，试图通过对三者定义的比较，对国家治理能力作出解释。第二是基本要素分析，对国家治理现代化涉及的背景、治理主体、治理过程、治理客体等要素进行分析，形成国家治理现代化的治理结构。第三是国家治理现代化的实现路径，探索国家治理现代化的可能发展方向和实现形式。之前的研究大多都是对国家治理现代化的部分内容的阐述，都对理解国家治理现代化产生了积极的补充作用。本文试从治理理念的演变、国家治理现代化的两个维度和三个层次的角度对国家治理现代化的内涵进行解析。

（一）治理理论的发展演变

1. 治理

治理从辞源上说来自希腊文，寓意为"监视"，后被柏拉图引用，再后来被应用到拉丁语和其他语言。就当代社会而言，治理一词广泛使用始于 20 世纪 90 年代，分布于多个领域，包括组织管理、问题治理，还应用于基层社会治理和政府治理，甚至全球治理。在关于治理的各种定义中，全球治理委员会的定义具有很强的代表性和权威性：治理是各种公共的或私人的个人和机构管理其公共事务的诸多方式的总和，它是使相互冲突的或不同的利益得以调和并且采取联合行动的持续的过程，既包括有权迫使人们服从的正式制度和规则，也包括各种人们同意或以为符合其利益的非正式的制度安排。

2. 国家治理

国家治理现代化概念的提出意味着国家对传统的统治和管理概念的扬弃，是一种理念上的进步。20 世纪 90 年代以来，在西方学术界，特别是经济学、政治学和管理学领域，"治理"一词就十分流行。随着全球化的不断推进，人类的政治生活变革中最引人注目的变化之一就是人类政治过程的重心从统治走向治理、从善政走向善治、从政府的统治走向没有政府的治理、从民族国家的政府统治走向全球治理。经过改革开放以来的不断探索，我国正在形成具有中国特色的国家治理，纵观 1978—2008 年 30 年中国治理变革的轨迹，可以看到这样一条清晰的路线图：从一元治理到多元治理、从集权到分权、从人治到法治、从管制政府到服务政府、从党内民主到社会民主。从整体上看我国的治理变革已经取得了相当大的成绩，更加接近"善治"的目标。

3. 全球治理

治理是一个多层面的政治互动过程，既有地方的层面，也有国家的层面和国际的层面，国际层面的治理就是全球治理。全球治理是各国政府、国际组织、各国公民为最大限度地增进共同利益而进行的民主协商和合作，其核心内容是健全和发展一整套维护全人类安全、和平、发展、福利、平等和人权的新的国际政治经济秩序，包括处理国际政治经济问题的全球规则和制度。21 世纪以来中国的对外政策和全球发展战略中较为突出的特点之一就是 2005 年 4 月 22 日在雅加达召开的亚非国家峰会上，时任中国国家主席胡锦涛提出的"共同构建一个和谐世界"的主张。

（二）国家治理现代化的两个维度及其关系

福山在其著作《国家建构：21世纪的国家治理与世界秩序》中提到的国家构建理论，可以将国家活动的范围和国家权力的强度区别开来，前者主要指政府所承担的各种职能和追求的目标，如提供公共物品、宏观调控、公共卫生、法律及秩序、社会保险、增进公平等基本公共产品。后者现在通常指国家能力或制度能力，如制定和实施政策以及制定法律的能力，高效管理的能力，控制渎职、腐败和行贿的能力，保持政府机关高度透明和诚信的能力以及最重要的执法能力。随着时间的推移，一个国家的政治、经济、社会环境会发生变化，这个过程中有对国家治理体系的取舍，也包括国家治理能力的强弱变化，当前我国政府追求的现代化就是国家治理体系的精简和完善，以及国家治理能力的强化和提升。

20世纪比较明显的国家治理方向的变化，就是20世纪80年代兴起的新公共管理运动。该运动旨在限制国家职能的扩张、财政支出的增长和政府部门效率低下以及由此产生的不良后果，并且在政府内部导致了后世称为"撒切尔主义"与"里根主义"的强烈反应，成为20世纪80年代和90年代初期这一重要历史时期的主导政策。为了回应政府职能不断扩张带来的紧张态势，国际金融机构如国际货币基金组织和世界银行以及美国政府也都提出忠告，极力推荐一整套旨在弱化国家对经济事务干预程度的措施，被称为"华盛顿共识"（The Washington Consensus），即各个国家在缩减职能的同时增强执行国家活动的有效性，将政府限定在一定的范围内，并且提供高质量的公共服务。政府、市场、社会关系协调，实现国家的最大发展。

（三）国家治理现代化的三个重要组成部分：政府治理、市场治理、社会治理

国家治理的三个重要组成部分包括政府治理、市场治理、社会治理。因此，国家治理现代化框架应该由国家—政府治理现代化、国家—市场治理现代化、国家—社会治理现代化三部分构成。对这三部分的分析不仅有利于全面阐释国家治理现代化的基本内涵，完整解释其内在价值，而且有

利于厘清推进国家治理现代化的思路，是一个重要的分析视角。

第一，政府治理现代化主要是指政府职能的转变和政府能力的加强。顺应现代政府发展趋势，由全能政府转变为有限政府，很早之前就已经成为我国政府追求的目标。十八届五中全会的公报中也指出，深化行政管理体制改革，进一步转变政府职能，持续推进简政放权、放管结合、优化服务，提高政府效能。而政府治理的关键是政治权力的合理分配与执行。首先，中央和地方事权关系的逐渐理顺；其次，立法机关、行政机关、司法机关的协同发展；最后，政府治理不单单作用于政府系统内部，更重要的是政府与外部的社会和市场也发生密切联系，政府的低效率和规范性缺失对市场和社会也产生负面效应。政府治理的现代化必须解决传统政府的低效和失范。

第二，市场治理现代化主要是指实现政府与市场的良性互动，发挥市场在资源配置中的决定性作用。十八届三中全会《中共中央关于全面深化改革若干重大问题的决定》中强调要紧紧围绕使市场在资源配置中起决定性作用深化经济体制改革，坚持和完善基本经济制度，加快完善现代市场体系、宏观调控体系、开放型经济体系，加快转变经济发展方式，加快建设创新型国家，推动经济更有效率、更加公平、更可持续发展。市场治理一直是社会稳定的重要支柱，市场的主体是企业，企业不仅提供着社会生活中日常所需的产品和服务，更是和谐社会的"稳定器"。由于民众的物质文化需求很大程度上是由各种企业提供的，因而只有民众的物质文化需求得到满足才能实现社会的基本稳定。

第三，社会治理现代化是要实现政府与社会的和谐发展。首先，坚持"强政府、强社会"的发展方向。社会治理的现代化就是要抛弃传统的政府与社会的对立状态，实现"强政府、强社会"的治理模式。其次，实现社会治理手段的进一步创新。十八届三中全会中就提到创新社会治理体制，要求坚持系统治理，加强党委领导，发挥政府主导作用，鼓励和支持社会各方面参与，实现政府治理和社会自我调节、居民自治良性互动。最后，促使社会矛盾的有效解决。我国当前社会治理中出现许多不和谐的情况，比如社会收入差距不断扩大、群体事件频繁等，这些发生都关系到社会公平、公正的问题，制度积累的社会问题必须通过社会治理的现代化进行解决。

三、国家治理现代化的逻辑起点

党中央在十八届三中全会上提出"推进国家治理体系和治理能力现代化"的改革总目标，是以复杂的社会环境和社会治理危机为背景，各领域的治理问题成为国家治理现代化的逻辑起点。从整体上看我国的治理变革已经取得了相当大的成绩，向"善治"的境界前进了许多。但在改革的过程中也积累了大量矛盾，并在近年频繁爆发，虽然还没有形成实质性的全国危机，但是在具体的制度建设和制度执行方面存在不少的局部性问题。国内和国外的局部性治理危机产生对国家治理现代化的需求，国内危机从政府、市场、社会三个层面概括如下。

第一，政府角度，政府的低效率和运行失范使得政府不得不进行治道变革。现行的政府管理体制存在许多亟待解决的问题，如政府决策失误过多、政策多变、缺乏持续性，缺少决策的责任追究机制等，这些会在相当大的程度上助长公共利益部门化；政府提供的社会公共服务还相对不足，其服务质量也需要提高，公共服务均等化体系远没有确立；政府职能转变还不到到位，对微观经济运行干预过多，关于社会公平正义、共享改革开放成果的制度安排上仍然比较薄弱；对行政权力的监督制约机制还不完善，滥用职权、以权谋私等现象仍然存在。而且政府天然的与市场和社会存在密切联系，政府的问题也会反映到在其管理市场和社会中来，因此必须对政府自身进行变革，与市场治理和社会治理的现代化形成组合拳，实现我国经济社会的可持续发展。

第二，市场角度，政府对市场的不合理管控和市场自身的规范性问题，让国民经济发展的快速增长大打折扣，后续增长力不够强劲。这种现状和经济发展的要求之间的冲突，反映到市场治理现代化的逻辑起点则表现为以下三点：（1）政府的不合理管控。我国的市场经济脱胎于新中国成立后施行的计划经济，但是很多方面不能顺利得适应市场经济的发展，催生了低效的国有企业、冗杂的行政审批、不完善的市场规则等问题。市场经济发展障碍急需得到解决。（2）市场主体的不规范。我国的市场主体长期生存在政府的管制之下，强制转型后缺乏规则性和创造性，所以在国内不能独立于政府，在参与全球化时又容易遭遇国际贸易壁垒。（3）经济粗放发展带来负的外部性。我国市场主体发展经济时往往不顾及环境和资源的保护，给社会带来严重的生态危机，如近年来的雾霾持续危害市民生活。并且经济发展过程中不同地区和阶层的贫富差距逐渐扩大，阶层利益固化，引发了许多社会矛盾，影响社会的稳定。

第三，社会角度，由于政府监管不可避免，因而造成社会组织的独立运行缺少发展的土壤，以及社会组织和公民自身参与社会管理的意识和水平有待提高。首先，我国缺少社会组织发展的传统，在历史中除了中央的下派机关管理地方事务之外，主要依靠当地有名的乡绅来主持区域性的公共事务，缺乏建立社会组织的传统。其次，现代的社会组织发育不良，独立性缺失。这表现为一方面社会组织长期依附于政府行政组织，其能动性在无形中被压制；另一方面社会公众对社会组织的认识不足，积极性不强，无法较好承担组织公民参与公共事务的重任。现状是政府扶持的社会组织才能得到发展，社会组织也成为政府的"办事机构"。最后，基层社会治理缺乏有效性，农村村民自治和城市居民自治成为党组织的延伸，不能很好地起到基层社会自治的作用。这样的社会治理现状使我国公民社会的建设处于滞后状态，无法适应政治、经济发展的需要，成为国家治理中的短板，因此改变这一现状是国家治理现代化的逻辑起点之三。

中国共产党提出的国家治理现代化还有复杂的国际背景。20 世纪 90 年代中后期政府采取激进改革应对国内政治经济危机，我国经济改变了持续半个世纪的以内需和投资为主拉动经济增长的模式，对外依存度显著提高，国内经济运行受国际影响越来越大，势所必然的被纳入跨国资本主导的全球化中。这主要有两个方面的特点：其一，外资在中国产业资本海外扩张的结构调整中，对中国经济的主导地位不断加强，中国对国外金融市场的依赖严重；其二，中国多次成为强势资本主义国家转嫁危机的载体，影响经济的正常运行的因素更多以输入性为主。因此，中国在国际社会上的地位非常微妙，既要从全球化中获得最大利益，又要尽量避免卷入全球经济危机的旋涡，这需要极高的政治智慧和外交手段。

四、结语

为应对我国国内国际的治理危机，我国需要有效地推进国家治理的现代化，为未来未知的挑战做好准备。国家治理体系是包括经济、政治、文化、社会、生态等多个领域、多个层次的全方位制度体系。国家治理能力的提升需要在国家治理的实践中积累经验、发现规律。十八届三中全会全面深化改革的决定已经从十五个方面就如何推进国家治理现代化作出了总体部署，本文认为以下路径需要强化。

在国家治理体系方面，首先，国家治理体系必须以人民群众的根本利益为出发点，扎实共产党的执政根基。国家治理体系的构建必须体现政治追求中的价值理性，切实维护人民群众的根本利益，加强顶层设计，从战略上谋划有利于国家治理的制度建设。其次，搭建人民群众利益表达的合法平台。让人民群众的合法诉求通过合法渠道得到解决，这是减少我国官民冲突、减少群体事件、保持社会稳定的重要手段。改革开放30多年取得的巨大的经济成果不可避免地造成了累积的制度成本，如果矛盾不能通过各种方式得到解决，它们将会成为危害国家社会稳定的重要因素。再次，完善决策机制和决策咨询系统，提高公共决策质量。为提高立法和公共政策决策的质量，提高国家治理水平，可以将决策咨询过程作为各级人大立法和党政角色的正规程序，培育决策咨询市场。让群众的利益诉求得到表达，同时提高政府决策水平，环环相扣的制度更新，是国家治理现代化的重要步骤。

在促进国家治理能力现代化方面，首先，全面深化改革，进一步简政放权，转变政府职能，最大限度地减少政府对市场和社会的管制和干预，督促建立市场规则和培养合格的市场主体。通过多中心参与治理，发挥各类治理主体的积极作用，容纳社会公众的参与要求。对国家治理能力产生影响的除了制度因素外，还有治理主体的素质，要提高官员和其他公共生活参与者的素质，对他们进行教育培训。更重要的是建立一套选拔和考核机制，将优秀的公民遴选出来，让优秀的人才去执行国家的治理活动。其次，健全法律制度体系，将全面推进依法治国作为重大战略任务。完善以宪法为核心的中国特色社会主义法律体系，维护宪法权威；推进法治政府建设，将政府行为框定在法律允许范围内，解决权责分离、多头执法的问题，构建权责统一、权威高效的行政执法体系；公正司法，兼顾程序正义与实质正义，提高司法公信力，通过施行人民陪审员制度等，拓宽人民群众有序参与司法渠道；全民普法，提高国民整体法律意识和使用法律维护权利的能力；提高党员干部运用法治思维和法治方式进行深化改革、推动发展、维护稳定的能力。最后，完善权力监督制约机制，健全政策反馈调节机制和责任追究机制。构建人民群众对公权力使用的有效监督机制，实现"有权必有责，用权受监督"，滥用职权必须受到法律惩罚，将权力的来源真正落实到人民群众；政策出台以后及时对政策效果进行反馈，对于出现重大失误的决策应追究其相关责任人的责任。权力是一个政权存在的决定性因素，中国共产党从革命党转变为执政党，对于权力的态度决定了其持续的时间，必须谨慎对待，谋求长远发展。

参考文献

［1］习近平．切实把思想统一到党的十八届三中全会精神上来［N］．人民日报，2014 – 01 – 01．

［2］应松年．加快法制建设，促进国家治理体系和治理能力现代化［J］．中国法学，2014（6）．

［3］莫纪宏．论"国家治理体系和治理能力现代化"的"法治精神"［J］．新疆师范大学学报，2014（6）．

［4］郑言，李猛．推进国家治理体系与国家治理能力现代化［J］．吉林大学社会科学学报，2014（3）．

［5］王浦劬．国家治理、政府治理和社会治理的含义及其相互关系

[J]．国家行政学院学报，2014（3）．

　[6] 李明强，王一方．多中心治理：内涵、逻辑和结构 [J]．中共四川省委省级机关党校学报，2013（6）．

　[7] 俞可平．论国家治理现代化 [M]．北京：社会科学文献出版社，2015．

　[8] [美] 福山．国家建构：21 世纪的国家治理与世界秩序 [M]．黄胜强等译．北京：中国社会科学出版社，2007．

　[9] 孙洪敏．国家治理现代化的理论框架及其构建 [J]．政府发展研究，2015（3）．

　[10] 温铁军等．八次危机 [M]．北京：东方出版社，2012．